银行数字化转型

营销与运营数字化

周承——著

DIGITAL
TRANSFORMATION
IN
BANKING

Marketing and operation digitalization

机械工业出版社
CHINA MACHINE PRESS

图书在版编目（CIP）数据

银行数字化转型：营销与运营数字化 / 周承著 . —北京：机械工业出版社，2023.3
ISBN 978-7-111-72522-0

I. ①银…　II. ①周…　III. ①银行业务 - 信息化 - 研究　IV. ① F830.49

中国国家版本馆 CIP 数据核字（2023）第 010781 号

银行数字化转型：营销与运营数字化

出版发行：机械工业出版社（北京市西城区百万庄大街 22 号　邮政编码：100037）
策划编辑：杨福川
责任编辑：杨福川　　韩　蕊
责任校对：龚思文　　张　薇
责任印制：刘　媛
印　　刷：涿州市京南印刷厂
版　　次：2023 年 3 月第 1 版第 1 次印刷
开　　本：147mm × 210mm　1/32
印　　张：6
书　　号：ISBN 978-7-111-72522-0
定　　价：89.00 元

客服电话：（010）88361066　68326294

Preface 前　言

为什么要写本书

“十四五”规划和 2035 年远景目标纲要在“深化金融供给侧结构性改革”部分明确要求“加快金融机构数字化转型”。数字化转型现已成为各大银行总行级战略。目前市面上银行数字化转型方面的图书多侧重于讲解科技条线的技术应用，鲜有图书分享面向分支机构和一线营销团队的数字化转型落地方法论。

当下，手机银行、云工作室、企业微信等数字化工具纷纷上线，但仍未能有效解决分支机构和一线营销团队面临的痛点，厅堂无人来、电销无人接、外拓无人问等问题依然困扰着一线网点。

银行数字化转型基础设施已经成熟，如何让总行数字化工具真正被分支机构和一线营销团队使用起来将是各大银行接下来要攻克的难点。由于各行业在监管政策、产品特点等诸多方面存在差异，银行不能像销售快消品一样销售金融产品，虽然互联网行业的思维值得我们学习，但具体做法对银行而言不一定适用。

本书结合笔者主导的银行从业人员数字化转型实践，聚焦营销和运营的数字化，围绕银行网点的现状和痛点，为管理层和营销层提供经过实践验证的案例参考，以填补银行数字化转型主题图书在营销和运营方面的市场空白。

读者对象

本书适合银行总行、分行、支行业务管理岗及营销从业人员阅读，也适合券商、保险、第三方财富机构的从业人员阅读。

本书特色

本书根据零售银行营销端面临的痛点，通过现状梳理及原因剖析，从管理和营销两个维度提出解决方案，并通过分析笔者及银行学员的真实案例，为读者提供数字化营销和运营的管理策略及实操方法，颇具借鉴价值。

如何阅读本书

全书共 6 章。

第 1 章介绍数字化转型给银行业务增长带来的价值。

第 2 章介绍数字时代背景下银行员工和干部如何塑造数字化运营能力。

第 3 章重点讨论数字时代零售银行新客获取的思路和方法。

第 4 章结合实际案例介绍如何通过数字化运营模式有效激活存量客户。

第 5 章介绍如何使用数字化赋能线下场景营销。

第 6 章介绍零售银行各类金融产品的销售策略。

管理岗的读者可重点关注第 1 ～ 5 章，了解数字时代的市场、客户和员工的发展变化，进一步制定符合客户偏好和员工特点的管理办法。

营销岗的读者可重点关注第 2 ～ 6 章，学习并掌握数字化营销的手段和方法，充分运用数字化工具解决营销人员与客户触达和交互的痛点、难点，以实现各项业务指标的高效增长。

本书在附录中整理了近年来监管机构下发的关于银行数字化营销的指导和政策，供读者参考。

勘误和支持

由于写作水平有限，书中难免会出现一些错误或者不准确的地方，恳请读者批评指正。如果你有更多的宝贵意见，可添加微信 zc2711 与我交流，也欢迎发送邮件至邮箱 18982028618@

qq.com。期待你的真挚反馈。

致谢

感谢从事银行业十四年来各级领导对我的培养，感谢同事们对我的帮助。感谢从事银行培训咨询工作以来合作机构及参训学员对我的支持。感谢金科创新社向丹老师的引荐，她的帮助促成了本书的出版。

目　　录 *Contents*

第 1 章 Chapter 1

银行数字化转型与业务增长

银行数字化转型是一项复杂的系统性工程，数字化转型的成效最终要体现在银行的业务增长上。本章基于银行业务的发展现状，结合数字时代银行业务的发展特点，从营销和运营角度分析银行数字化转型的核心和方向，探讨数字化转型如何赋能银行业务增长。

1.1 银行业务的发展现状

本节从营业收入、客群结构和营销成效等维度，对银行业务的发展现状进行梳理。

1.1.1 营收结构显差异，非息收入增长难

根据国有银行中的中国工商银行、中国农业银行、中国银行、中国建设银行、交通银行以及股份制银行中的招商银行、中国民生银行、中信银行、中国光大银行和平安银行公开披露的2017—2020年年报，我们可以得出以下三方面的若干结论。

1. 对公零售营收结构

- 中国工商银行、交通银行、中国民生银行、中信银行四家银行对公板块的营业收入持续超过零售板块。
- 招商银行、平安银行、中国光大银行零售板块的营业收入持续超过对公板块。
- 中国建设银行、中国银行零售板块的营业收入开始超过对公板块。
- 中国工商银行对公板块的营业收入出现滞涨。
- 中国农业银行、中国银行、中国民生银行、中信银行对公板块的营业收入出现负增长。

上述十家银行零售板块的营业收入持续保持增长态势。

2. 利息收入及利息净收入

- 除交通银行外，其他几家银行的利息收入与利息净收入实现逐年上涨。
- 2019年、2020年交通银行利息收入滞涨。
- 平安银行的利息收入有加速上涨的态势。

- 招商银行、中国建设银行、中国农业银行的利息收入增势良好。

3. 非息收入及非息净收入（手续费及佣金收入）

- 中国工商银行、中国农业银行、中国建设银行、中国银行、中国民生银行、中信银行、中国光大银行七家银行的手续费及佣金收入呈下降态势，下跌拐点在 2020 年，其中中国民生银行、中信银行的下跌幅度居前。
- 交通银行、招商银行、平安银行的手续费及佣金收入实现逆势上涨。
- 部分银行手续费及佣金收入与净收入存在背离的现象。中国工商银行、中国农业银行、中国建设银行、中国银行、中国民生银行、中信银行的手续费收入下降，但净收入持平；平安银行的手续费及佣金收入增长，但净收入反而下跌。

此外，新浪财经金融评测室综合用户体验、产品功能、性能安全、创新发展四大维度，250 余项细分指标，对 23 家银行的手机银行 App 进行了全面评测，最终发布了 2021 年手机银行 App 评测报告。该报告中，上述十家银行的手机银行 App 的评测结果如下。

- 招商银行：92.125 分。
- 平安银行：89.8 分。
- 交通银行：84.625 分。
- 中国建设银行：83 分。

- 中国工商银行：82.875 分。
- 中国银行：82.625 分。
- 中国农业银行：82.625 分。
- 中国民生银行：82.575 分。
- 中信银行：82.325 分。
- 中国光大银行：82.275 分。

一个很有意思的数据是，实现手续费及佣金收入逆势增长的三家银行，恰好是以上手机银行 App 的评测中得分排在前三的银行。我们或许能得出这样一个结论：银行想要实现非息收入（手续费及佣金收入）的增长，需要具备银行数字化工具的研发能力、营销与运营能力。

1.1.2 客群结构老龄化，复杂产品销售难

受传统营销方式的限制，银行能触达的客群存在严重的老龄化趋势。客群老龄化，对银行来说有如下优势与劣势。

1. 优势

老龄客户对银行的低风险产品，例如存款、国债、大额存单等，有着更大的兴趣。吸引老龄客户达成业务订单能快速提升银行网点的资产管理规模（Asset Under Management，AUM）。

2. 劣势

从银行发展来看，如果无法触达并获取年轻客户，网点的

可持续发展将面临重大考验。从资产配置来看，老龄客户的风险偏好趋于保守，主要购买的是存款、国债、大额存单等理财产品。而对于银行想要重点发力的基金产品，老龄客户的风险承受能力和这些产品的风险等级不匹配，无法购买。

从贷款产品来看，一般情况下，贷款人年龄 + 贷款年限不超过 65 岁。老龄客户不符合消费类贷款的授信条件。

从投资决策来看，老龄客户在作出投资决策的时候，可能会与子女沟通，听取子女的意见。例如，某银行向笔者的父母推荐了某款产品，笔者的父母首先会征求我的意见，如果笔者说不行，不要去那家银行，不要买那个产品，那么不管银行的营销人员说得再好，他们也不会购买。这无疑会增加银行的营销成本，降低老龄客户的转化率。

1.1.3　传统营销成效差，获客活客触达难

银行现行的营销方式主要有以下几类。

1. 厅堂营销

长期以来，银行网点是银行获取客户、服务客户、销售产品的重要场所，厅堂营销也一直是银行营销管理中的重中之重。截至 2020 年底，全国银行业金融机构的营业网点有 22.44 万个。大部分银行营销类课程和图书与厅堂营销相关，主题涉及厅堂微沙龙、厅堂一体化、厅堂动线管理、厅堂联动营销、厅堂氛围布置等内容。

上述做法在十年前确实给银行带来了明显的业绩增长。笔者自 2008 年大学毕业后进入某国有银行工作，从综合柜员到网点负责人，在一线网点工作的这 7 年里，恰好经历了从最初的厅堂面临分流压力到后来的厅堂客户寥寥无几。

从图 1-1 所示的网友发帖中，我们可以了解到银行厅堂营销的部分现状。

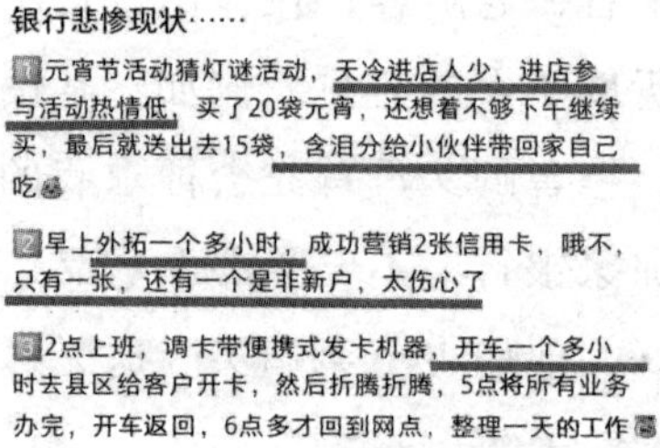
银行悲惨现状……

1 元宵节活动猜灯谜活动，天冷进店人少，进店参与活动热情低，买了20袋元宵，还想着不够下午继续买，最后就送出去15袋，含泪分给小伙伴带回家自己吃

2 早上外拓一个多小时，成功营销2张信用卡，哦不，只有一张，还有一个是非新户，太伤心了

3 2点上班，调卡带便携式发卡机器，开车一个多小时去县区给客户开卡，然后折腾折腾，5点将所有业务办完，开车返回，6点多才回到网点，整理一天的工作

图 1-1　银行厅堂营销的互联网帖子

由于银行性质不同，银行所在地区不同，银行厅堂营销模式存在两极分化的现象。乡镇网点，特别是西部地区的农商行网点，尚有一定量的客户到网点，而城区网点面临厅堂客户极少甚至无客户的窘境。2020 年起，网点到店客户出现断崖式下跌，客户到店数量加速缩减。能够预见的是，客户已经习惯了不去银行网点，银行网点的到店客户将保持低位。

到店客户以 60 岁以上的客户为主，以 50 岁左右的客户为辅。对于老年客户，银行可售产品非常有限。老龄客户能给银行带来立竿见影的存款业绩增长，但是对于高风险权益类产品就没有帮助了。

对于中青年客户而言，银行网点早已不是非去不可的地方。除了现金存取之外，其他金融业务都可以在手机银行 App 上完成。客户只需开通二类账户即可购买存款、理财、公募基金等产品。即使是对于私募产品，也可以在线上进行合格投资人认证，然后进行产品申购。对于中青年客户来说，完全没有必要再去银行网点办理业务。

综上所述，厅堂到店客户维持低位，可向到店客户销售的产品有限，且到店客户与大部分考核指标不匹配，使得传统的厅堂营销已经无法再像过去一样创造价值，达成业绩考核指标。银行网点转型迫在眉睫。

2. 电话营销

“每天不低于 20 个电话外呼，每个电话外呼不低于 60 秒。”相信这是如今大多数银行的过程管理要求。银行管理者之所以制定这一过程管理要求，是因为根据过去的经验，电话营销是行之有效的，是能带来业绩增长的。

然而时代在变，市场在变，客户的行为习惯也在变。如今，我们已经进入数字时代，过去的成功经验和管理方式在这个时代是否依然适用，就是个值得商榷的问题。

现在，电话营销不再是一个有效的获客方式。电话营销面临的挑战如下。

（1）法律法规的限制

《中华人民共和国民法典》第一千零三十三条规定，除法律另有规定或者权利人明确同意外，任何组织或者个人不得以电话、短信、即时通信工具、电子邮件、传单等方式侵扰他人的私人生活安宁。

2020 年，中华人民共和国工业和信息化部（以下简称“工信部”）结合前期实践经验，对《通信短信息服务管理规定》（工业和信息化部令第 31 号）进行修订，形成了《通信短信息和语音呼叫服务管理规定（征求意见稿）》（以下简称《规定》），并向社会公开征求意见。《规定》指出，任何组织或个人未经用户同意或者请求，或者用户明确表示拒绝的，不得向其发送商业性短信息或拨打商业性电话。用户未明确同意的，视为拒绝。用户同意后又明确表示拒绝接收的，应当停止。此外，工信部还组织建立了全国统一的“谢绝来电”平台。

2021 年 11 月，《中华人民共和国个人信息保护法》正式施行，其第一章第十条明确规定，任何组织、个人不得非法收集、使用、加工、传输他人个人信息，不得非法买卖、提供或者公开他人个人信息。

与此同时，中国银保监会消费者权益保护局发布 2021 年第 19 号通报，通报了对某银行消保现场检查发现的侵害消费者权益相关问题。其中，第五条有如下描述。

“五、违规查询、存储、传输和使用个人客户信息，侵害消费者信息安全权。……三是违规使用个人信息，2019 年 1 月至 2021 年 3 月，某银行信用卡中心向 1.99 万名已注销信用卡账户的客户致电营销保险产品，部分客户多次明确表示拒绝来电，该行仍持续向其电话营销。”

上述做法违反了《中国银监会办公厅关于加强网络信息安全与客户信息保护有关事项的通知》《商业银行信用卡业务监督管理办法》《国务院办公厅关于加强金融消费者权益保护工作的指导意见》等规定。

（2）科技限制

时下，有财力、有科技实力的银行纷纷布局外呼机器人。通过外呼机器人，银行可以用数字化系统低成本地快速呼叫更多的客户。对于银行来说，这种数字化转型的确降低了人工成本，提升了外呼通话量。

但我们反过来站在客户的角度看看。客户接到外呼机器人的电话，对着电话说了半天，结果发现是机器人，这对客户来说无疑是一种情感上的欺骗和伤害。此外，外呼机器人能提供什么样的服务和响应取决于后台数据库中的话术数量，若客户提出的诉求未被纳入语音数据库，外呼机器人就无法进行快速、准确的响应。

如果银行的数字化转型是这样的转型，那么转型只会让客户与银行的距离越来越远。凡是背离客户需求、伤害客户体验的工具都难以创造价值。

如今，从国有银行、股份制银行到城商行、农商行，都把数字化转型放在了重要的战略地位，但是，在贯彻执行层面，要么只是简单粗暴地组织互联网技术团队，要么直接照搬互联网企业的方法论。

金融行业是一个特殊的行业，是一个受到强监管的行业。银行的产品具有特殊性，为客户配置金融产品前需要先了解客户的风险匹配性。

要进行数字化转型，银行要向互联网企业学习，不单要学习技术层面，更要学习互联网企业的思维逻辑，要以客户痛点为导向，以客户体验为核心，在了解监管政策，了解市场、客户、员工的基础上，用互联网思维开展内部管理和市场营销。

为了解决客户被电话骚扰的痛点，手机厂商从最开始的电话标签拒接升级到现在的AI智能通话助手。简而言之，AI智能通话助手是嵌入手机的AI通话功能，识别到骚扰电话后，AI智能通话助手并不拒接，而是自动接听，并且能根据对方说出来的内容进行自动对话。例如，笔者的手机可以对标注为如下类别的电话进行自动接听：诈骗电话、房产中介、广告推销、快递外卖、贷款推销、网络电话、理财推销、骚扰电话、出租车、客服售后、教育培训、装修维修、猎头招聘。

“你有你的张良计，我有我的过墙梯。”当银行在用外呼机器人自动骚扰客户的时候，手机厂商帮助客户用AI智能通话助手自动应对。这就是以客户痛点为导向，以客户体验为核心的互联网思维在产品研发上的应用。

AI 智能通话助手目前已经在安卓系统的部分品牌手机中上线，相信国内其他安卓系统的手机品牌也将很快上线，届时，银行的电话号码一旦被客户标注为理财推销或者贷款推销，会人工接听电话的恐怕只剩下苹果手机的用户了。

（3）客户抵触

换位思考一下，如果我们是客户，在工作的时候接到营销电话是什么心情？下班之后，与家人共享晚餐的时候接到这种电话是什么心情？在和朋友组队打游戏、激战正酣的时候接到这种电话又是什么心情？

（4）员工抵触

一线员工直接服务客户，对客户的理解是最到位的，对市场的敏感度也是最高的，但在银行内部，他们的话语权却是最低的。总行、分行业务管理部门在制订各项管理办法、业务指引和考核办法的时候，科技部门在开发系统和产品的时候，有多少人征求过一线员工的意见？

不了解客户，就不了解市场；不了解市场，所有努力都会白费。银行的各种数字化工具，第一层用户就是员工，并且主要是一线员工。总行、分行的各项制度、各项办法、各种工具应当是为一线员工赋能的，而不是添乱的。一线员工在市场“奋力拼杀”的时候，总分行和中后台应当给予他们正确的方向、正确的方法，让他们无后顾之忧。然而现实却是战略方向不明确，方式方法不适用，管理办法不科学，考核制度不合理。

简单粗暴的管理方式在过去确实发挥过作用，但如今只会激化管理矛盾，没有任何正向作用。不顺应时代发展潮流的管理手段只会一次又一次让员工寒心，看不到希望。

电话营销考核就是一个典型的代表。一个政策限制、科技限制、客户抵触的营销方式，很明显已经难以带来业绩提升，但银行仍然强行要求一线员工坚决执行。造成这个局面的，不是顶层战略规划环节，而是在中层和基层的贯彻执行环节。因为分行零售部门和支行零售业务的分管领导没有探索出更好的方法，没有办法的时候，就只好沿用过去的方法。

我们已经进入数字时代，银行管理层应当着眼于时代的变迁，树立与数字时代相适应的经营管理和营销管理理念，这样才能更好地指导一线营销工作，获得客户的认可和业绩的提升。

在这样的时代背景下，过程管理依旧停留在电话外呼数量的考核上，要求每天 20 个、30 个电话外呼是否还有时代意义？当客户都不愿意接电话的时候，加班给员工培训电话营销的技巧还有什么价值？这就好比寻呼机时代的末期，还在培训寻呼机的使用技巧一样。

3. 短信营销

相信大部分客户的手机里有这样的功能：将营销类的短信自动折叠。银行大多有短信平台，但它们通过短信平台批量发送的短信阅读率极低。

4. 外拓营销

外拓营销的现状是效率低，客户觉得不专业，员工也抵触。笔者在银行网点工作的时候，跟随网点领导外拓，去社区、菜市场摆摊，向路人发传单，心里是一万个不愿意。这种没有目标的外拓效率极低，一天下来也办不了 10 张储蓄卡。几年后，笔者成为网点负责人，就坚决不做这类事情了。就算要外出营销，也只会去企业给员工办工资卡。

5. 沙龙营销

笔者曾经就职的某行分行个人金融部门要求，每个网点每月组织不少于 2 场客户沙龙。要求下来之后，理财经理都在积极邀约客户，每场活动的参与客户数确实达到了要求。但有个很有意思的现象是，参加每场活动的都是差不多的面孔。

笔者在给银行做培训的时候问过学员这样的问题："大家在邀约客户参加活动的时候，客户是知道活动信息后主动报名，还是经过理财经理反复劝说之后才扭扭捏捏地同意的？"

学员们几乎异口同声："第二种。"客户拒绝的理由几乎都是"没有时间。"客户是真的没有时间吗？答案是否定的。客户不愿意来参加活动，原因在于理财经理对客户的兴趣爱好了解不够，不能将活动主题和客户兴趣匹配起来，沙龙活动并没有触及客户的痛点和兴趣点。

1.2 银行数字化营销的发展与转型的方向

时代在变，市场在变，客户在变，银行的经营策略也要变。时下，为了打破传统营销的困境，数字化转型已成为各大银行总行级战略共识，在各行公开披露的中报、年报里可见端倪。

- 中国建设银行：着力构建数字化经营新模式。
- 中国农业银行：按照互联网化、数据化、智能化、开放化的思路，全面推进数字化转型战略实施。
- 中国银行：全面践行数字化发展战略，实施个人金融业务组织架构改革，推进个人金融业务前中后台全流程数字化转型。

本节通过银行经历的 4 个营销时代，介绍银行数字化转型的方向。

1.2.1 营销 1.0 时代

营销 1.0 时代，营销以产品为中心，银行之间比的是产品价格。

- 负债类产品：比的是谁家的存款利率上浮更多，谁家的存款利息更高。
- 资产类产品：比的是谁家的贷款利率下浮更多，谁家的贷款利息更低。
- 中收类产品：比的是谁家的支付手续费更便宜，谁家的认购费用更低。

如果银行支行的客户经理在向客户营销的时候，还在拿上面的竞争优势去和同业竞争，那么这家银行仍然停留在营销 1.0 时代。即使利用价格优势在竞争中脱颖而出，也难免“杀敌一千，自损八百。”

2015 年前后，笔者所在的银行大力推广一款刷卡后资金可以直接进入个人储蓄卡账户的 POS 机，为了规避信用卡套现的风险，该 POS 机只支持储蓄卡。刷储蓄卡也有支付成本，但是为了获取存款，在推广初期，银行对所有商户免收手续费。

商户资金流动性大，在日均存款沉淀上的收益并不能覆盖支付成本。后来，银行不得不根据客户在行内的存款进行差异化定价。部分商户刷 POS 机从免费到收费，自然难以接受，于是纷纷拆机，解除合作，甚至把存款也转走了。

1.2.2 营销 2.0 时代

营销 2.0 时代，营销以客户为导向，银行追求的是解读客户需求和痛点，以客户为导向来设计产品并提供服务，做有温度的银行。

这个时代，银行的产品与各类场景紧密结合。以贷款类产品为例，个人消费贷、信用卡、信用卡分期等产品被嵌入装修、教育、汽车等消费场景，客户在消费的时候可以直接申请贷款。

从各大银行官方网站的宣传语中也能看出，“以客户为中心”

的经营理念已成为各大银行的共识。

- 中国工商银行：客户为尊，服务如意；员工为本，诚信如一。
- 中国农业银行：以市场为导向，以客户为中心，以效益为目标。
- 中国建设银行：客户至上，注重细节。
- 招商银行：因您而变。
- 中信银行：发布零售银行品牌新主张——“信守温度”，打造“有温度”的零售银行品牌。

1.2.3 营销 3.0 时代

营销 3.0 时代，营销以价值观驱动，银行的价值观得到客户认同，就能赢得客户。

笔者有一天早晨路过一家包子铺，看到他们的广告语是“拼搏的味道”，因为这句话，笔者购买了这家店的包子。多数包子店的宣传点是“我家的包子，馅儿大肉鲜”，强调的是产品本身。而这家包子店并没有强调包子的优点，而是凭借“拼搏”的价值观赢得客户。

2021 年，河南郑州遭遇特大洪水，鸿星尔克默默捐款 5000 万元。鸿星尔克捐款后，自己也没有宣传，此举赢得网友的好感。后来网友发现鸿星尔克的官方微博竟然连会员都不是，于是纷纷自发为其续费，据说已经续费了一百多年。

根据鸿星尔克的财务报表，2020 年公司净利润为 −2.2 亿元。一家亏损的企业还捐出 5000 万元给郑州，其价值观得到广大网友的认同。

我们回过头来看银行，银行对一线员工的服务要求可以说到了异常严苛的地步。客户来到网点，来到柜台，如果员工没有站立迎接，没有微笑服务，没有双手接递单据，没有说祝福语，都会被扣分。但是，一线网点仍然面临着客户的大量投诉和不满，原因在哪里？

大部分原因是银行认为的优质服务不是客户需要的优质服务。

以基金为例，为了完成基金销售指标，部分理财经理在为客户配置产品的时候，并未根据客户的实际风险承受能力来配置基金产品，基金净值的不利波动导致客户对银行的服务不满意。

众所周知，基金是有亏损本金风险的，我们需要做的是，了解客户的特点，为客户匹配适合他的产品。但是，大部分银行的培训只有所谓的营销技巧（话术）培训，缺乏扎实的专业知识培训，导致部分理财经理为了完成指标，不得不用所谓的话术去说服客户。

我们从事的是金融行业，要做的事情是在充分了解客户的风险承受能力，充分了解客户的资产负债情况的基础上，在合适的时间为客户配置合适的产品。充分揭示风险是金融从业者在销售金融产品时必须履行的职责，这也是监管机构三令五申的工作要求。风险测评、风险揭示书、高风险产品销售的录音录像，都是监管机构为了保护金融消费者权益而制定的规定。话术即说话的艺术，如果在揭示风险的时候，进行语言上的“艺术化”处理，那么，风险揭示就不能真正对客户起到警示作用。

2022年1月4日至3月16日，上证指数下跌469.07点，跌幅达12.89%，而各大银行在2021年主推的权益类基金回撤几乎超过20%。在这期间，银行和理财经理面临着巨大的投诉压力。究其原因，不外乎4点：一是售前只知道讲话术，没有向客户讲清楚基金产品的底层逻辑和需要承担的风险；二是基金产品的风险与客户的风险承受能力不匹配；三是基金产品与客户资金的流动性不匹配，客户由于急需用钱，即便亏损也不得不割肉出局；四是售后没有持续跟踪基金产品的走势，没有办法给出有价值的策略，帮助客户规避风险。

银行的价值观一定要回归专业，回归真诚！少一些营销套路，多一些专业和真诚，才是一个能让客户认同的价值观。

1.2.4 营销4.0时代

营销4.0时代，营销以数字化为基础。这是通过数字化工具实现高效的客户触达和深度交互的时代。银行可以通过互联网实现新客获取和存量客户激活。客户通过手机银行和网上银行，足不出户即可完成账户开立、金融产品购买和贷款申请。通过手机上的即时通信软件，银行员工可以快捷、高效地和客户交流。

以数字化为基础的营销应当由以下三部分组成。

- 数字化系统：为营销人员提供客户和产品方面的数据管理及数据分析支持。
- 数字化工具：为营销人员提供业务转化的功能支持，例如手机银行上的开户、贷款申请、存款、理财、基金、保险、贵金属销售等功能。
- 数字化社群：为营销人员与新老客户的交互提供平台支持，帮助营销人员为客户提供高效快捷的批量服务。

数字化营销能够为银行营销人员创造以下价值，从而帮助营销人员实现业绩的裂变式增长。

- 通过数字化工具，营销人员可以突破传统线下网点周边 2 公里的地域限制，实现远距离获客。全国性银行可以实现“一家网点服务全国客户”的目标。
- 手机银行提供的 7×24 小时服务，能够帮助营销人员突破朝九晚五的营业时间限制，随时随地为客户提供线上服务。
- 通过数字化工具，营销人员能够与客户进行高效的批量交互。
- 有效的数字化营销是以专业内容为核心的营销，营销人员通过持续专业的内容输出，能够提升自己的专业能力，在客户心中树立专业顾问的形象，客户也会从被动接受营销转为向营销人员主动咨询理财建议。

1.2.5 银行数字化转型的方向

作为银行从业人员，你认为大部分银行正处在哪个阶段？不同的银行，不同的岗位，不同的角色，会有不同的感知和判断。如果身处总行，你可能认为已经进入营销 4.0 时代，因为你们开发了大量的数字化工具和系统，有了大数据分析和支撑能力。如果你是支行网点的一线员工来说，你可能认为还处在营销 1.0 时代。

网点负责人、个金理财经理、个贷客户经理在对客户营销的时候，大多还是在比拼存款利率、理财收益和贷款利率。这就是以产品为中心，通过产品定价的差异去营销的营销 1.0 时代。

银行数字化转型中，科技实力的提升固然重要，但更重要的是科技成果的应用。数字化转型不能局限于开发新技术和上线新系统，还应该看重运用数字化思维进行银行的发展战略、利润增长模式、业务发展逻辑、人才引育模式和客群经营模式的系统化转型变革。

1.3 数字化转型如何赋能银行业务增长

银行数字化转型是运用数字化思维和数字化工具，重新构建银行的发展战略、组织模式、管理模式、经营模式、业务模式的发展过程。银行数字化转型应当为业务条线赋能，帮助分行和支行营销团队有效应对市场、客户和员工的变化，推动银行业务稳步增长。

1.3.1　银行数字化转型的底层逻辑

科技团队打造数字化营销运营的基础设施，业务团队通过重构展业模式、客户运营模式以及经营管理模式，有效利用科技团队打造的数字化工具，解决经营管理的问题，实现利润增长的目标。

银行管理者应当清醒地认识到，互联网技术只是工具，不是数字化转型的全部。数字化项目的开发一定要以市场和用户需求为导向，不能闭门造车。试问，没有做过银行一线业务，没有扛过营销指标，没有在市场中摸爬滚打，没有与用户直接交互的金融科技团队，能做出符合市场变化、符合用户需求、让一线员工用得顺手的数字化工具吗？

为什么如此强调用户的感受？因为银行开发的系统要么是给客户使用的，要么是给员工使用的。如果客户不满意，员工不满意，那么开发这个系统就是浪费时间、浪费人力、浪费财力。

1.3.2　银行数字化转型的赋能方法

为了适应时代的发展和客户行为习惯的变化，大部分银行在推动数字化转型工作，总行持续不断地开发系统，上线新功能，认为只要开发的系统多、功能多，就能给一线网点赋能。其实不然。银行数字化转型要想给一线网点赋能，应该从以下方面入手：首先，通过培训，更新员工数字化思维和理念。然后，通过训练，提升员工数字化营销和运营的技能，让总行开发的数字化工具被一线有效使用起来，达成各项经营目标。

其实，通过多年的努力，大部分银行的数字化技术已经成熟，总行已经为分支机构搭建好了账户、结算、理财、贷款等方面的系统和平台，营销条线足以应对线下难以触达目标客户的挑战，并开拓线上获客的新路径。

- 账户开立方面，线上开户，Ⅱ、Ⅲ类账户的使用已经成熟。
- 支付结算方面，手机支付、手机转账等功能已经成熟。
- 理财业务方面，基于Ⅱ类账户，已经能够实现线上存款、理财和基金、保险、贵金属的配置。
- 贷款业务方面，线上贷款、线上分期、线上信用卡已经成熟。

上述功能大多集合在手机银行。手机银行是银行数字化转型的重要载体和工具，承载了银行柜台、客服、客户经理、产品超市等功能。如今，手机银行对银行和客户的重要性越来越明显，银行都在想方设法地提高手机银行的用户数和动户数。

对于手机银行，分支机构往往视其为负担，并没有真正利用手机银行的功能为线上营销赋能。为什么使用效果差，个人认为主要原因如下。

1. 手机银行不好用

7 年前，笔者在就职银行的分行创新工作会议上，代表一线经营机构做了一个汇报。关于手机银行，笔者是这样描述的："不是一线不努力，而是产品不好用。"

手机银行不好用，不是功能不行，而是基本的使用体验不友好。设计逻辑是银行技术端的思维，不是用户思维。手机银行是一个 App，是一个互联网工具，如果连最基本的便捷登录和使用流畅都做不到，客户有什么理由使用它？用户数和动户数又如何能提高？

2. 客户不会用

在推广手机银行的过程中，银行的惯性思维是用"考核"这个指挥棒，认为只要把手机银行纳入考核指标，就能够引导一线员工把手机银行推广起来。于是，总行给分行下指标，分行给支行下指标，支行给员工下指标。对于一线员工而言，他们缺乏流量客户，每天只能让来到网点厅堂的客户为其完成手机银行指标。

如今，到网点办业务的客户以中老年人为主，他们大多对自助设备是排斥的，不然也不会为了办一个网上就能办理的业务专门来一趟网点。为了完成手机银行指标，很多银行制定了一系列规定动作：新开卡→注册手机银行→通过柜台或 ATM 存入一笔现金→绑定云闪付→完成话费充值。之后才能把客户放走。

流程很麻烦，为了让客户不那么抵触，银行为客户准备了一些礼品，但是效果仍然不好。一家国有银行市级分行网络金融部负责人坦言："分行手机银行注册用户 90 多万，但动户数只有 30 万。"

究其原因，到网点厅堂的大部分客户根本不是手机银行的目标用户，他们注册手机银行只是为了配合一线员工完成上级下达的考核指标。网点并没有把手机银行推广给非到店客户，而恰恰不愿意到网点的客户才是手机银行的目标客户。

上述两个原因构成了一个恶性循环。总行开发数字化工具，客户和员工都觉得难用，但是员工为了完成指标，又不得不向客户推荐。要向客户推荐手机银行，员工能触达的只有来网点办理业务的客户，但是经常来网点的客户又不是手机银行的目标客户。要让数字化为营销和运营赋能，开发数字化工具只是基础，更重要的是进行数字化赋能，因为在数字化转型的过程中，数字化技术和工具只占 30%，在营销和运营层面对技术工具的使用要占到 70%。

1.4　本章小结

营销和运营数字化的核心不是技术，而是员工。要让数字化为业务赋能，需要提升员工，特别是中高层管理人员对数字化转型的认知，让业务条线的干部和员工认识到数字化转型的必要性和方法，让分支机构引入、培养和留住数字化人才。

Chapter 2 第 2 章

银行员工和干部的数字化运营能力塑造

总行制定的数字化转型战略，需要分行、支行的数字化营销与运营来落地。

首先，根据市场变化，用数字化的运营思维武装员工，把员工和干部培养成兼具金融专业能力和数字化运营能力的人才。这样才能让总行的数字化科技成果在营销一线发挥出应有的价值。

然后，根据客户偏好和行为习惯的变化，改变过程管理策略，把传统的电话营销、短信营销、沙龙营销和外拓营销的过程管理，调整为数字化营销与运营的过程管理。根据客群特点，重新确立客群运营的方式和目标，将客户关系管理（Customer Relationship Management，CRM）系统中的客户交给总行、分行进行数字化直营，或者转化到员工的私域流量中，进行持续服务和运营，增强客户黏性。

最后，重新构建业务营销逻辑。把传统的营销模式转变为线上与线下结合的流量营销模式，自建银行网点的私域流量。

数字化营销对客户、对员工、对银行都有非常重要的价值。

- 对客户，能够以更便捷的方式与银行工作人员进行交互，更高效地获取专业的金融解决方案。
- 对员工，能帮助员工成为金融专业顾问，提高员工的专业能力，增强其自信心，从而提升其对银行的归属感和个人成就感。
- 对银行，突破时间和地域的限制，实现源源不断的客户增长和业绩提升。

本章结合银行的特点，对营销条线的员工和干部应具备的数字化运营能力进行阐述。

2.1　塑造员工的数字化营销能力

银行、券商等金融机构与非金融企业相比，在政策、监管、文化和客群等方面具有特殊性，因此金融机构的数字化转型道路注定与非金融企业不同。在数字化人才培养方面，应该结合金融行业的特殊性，考虑金融与非金融机构企业文化的差异，先内后外地招募、培育和保留数字化人才。

2.1.1 数字化人才的特点

在客户不必到网点办理业务的数字时代，银行想要通过数字技术和工具为客户提供远程服务，就必须让总行的数字化转型战略渗透到每个网点。

要用数字化用户思维、运营思维去武装每一位营销人员，让每一位营销人员学会如何使用总行的数字化工具去获客、活客，塑造营销人员的数字化营销及运营能力。银行的竞争，归根结底是人才的竞争，数字化转型需要数字化人才来执行。到底什么样的人才是数字化人才？笔者在授课过程中与来自多家银行的学员讨论过这个问题。大部分学员认为，数字化人才应该是能够设计系统结构、风控模型的开发人员，与自己关联不大。但其实，对于银行而言，凡是能让总行数字化工具发挥价值的人都是数字化人才。

自 2016 年 12 月 1 日起，银行业为个人开立银行结算账户，同一个人在一家银行只能开立一个Ⅰ类户，已开立Ⅰ类户、再新开户的，应当开立Ⅱ类户或Ⅲ类户。Ⅱ类户与Ⅰ类实体卡一样，账户余额无限制，Ⅱ类账户与绑定的Ⅰ类卡之间相互划转也无限制。Ⅱ类户也可以存款、买理财、办贷款。各行纷纷上线Ⅱ类账户开户业务，为网点营销队伍线上展业打下了坚实的科技基础设施。

基于此，各大银行相继推出线上店、云网点、云工作室。

2.1.2　数字化人才要用好云工作室

个人理解，云工作室相当于网点或客户经理的线上网店，在客户不能到营业网点，不能与客户经理见面的情况下，客户经理通过云工作室帮助客户实现线上远程开户，办理金融业务的诉求。客户在这个网店里可以办理开户、存款、投资理财、贷款等个人业务，不需要再到实体网点。这打破了时间和空间的限制，为客户提供了 7×24 小时跨地域的金融服务。

2021 年 1 月 13 日，中国银保监会办公厅和中国人民银行办公厅发布《关于规范商业银行通过互联网开展个人存款业务有关事项的通知》（银保监办发〔2021〕9 号），该文件指出，银行可以通过网点和自营网络平台开展存款业务，但不得通过第三方非自营网络平台开展存款业务，对于地方性法人商业银行，要立足于服务已设立机构所在区域的客户。这更是给云网点和云工作室带来了监管利好。银行网点营销团队可以通过云工作室，实现线上远程的获客和存量客户维护与提升。

银行的云网点和云工作室的使用情况如何？或许在存量客户维护和有关联的新客营销方面起到了一定作用，但是在线上远程营销新客的开户转化方面效果很不理想。

客户经理通过云工作室服务的客户，大多数是与客户经理添加了微信好友的存量客户，而客户经理为了完成指标，可能让相熟的客户和朋友帮忙应付考核。云网点、云工作室的真正价值并没有发挥出来。

2.1.3 数字化人才应具备金融专业能力

总行数字化转型战略离一线网点的距离，或许可以用云工作室在一线营销队伍的客观、真实使用数据来丈量。

很多银行抱怨数字化基础设施做得不错，但就是没什么效果，本质原因在于缺乏让总行的数字化基础设施落地的人才。这样的人才不一定在总行，也不一定在互联网公司，他们一定在银行的一线网点。

总行的数字化转型战略不仅需要总行团队的努力，更需要分行、支行营销前线的每一位员工的积极参与。大家通力合作才能发挥转型的价值，达成转型的目标。

数字化转型对于营销人员的意义在于开启了线上展业通道。在客户不到网点的情况下，银行只能通过线上触达客户，与客户交互。数字化工具解决了银行与客户触达和沟通的问题，但要对客户进行持续的服务和营销，还需要员工具备扎实的专业能力。

2.1.4　数字化人才的专业能力提升路径

1. 专业资格

金融行业从业者需要具备从业资格，也就是持证上岗。不管是银行、券商还是保险从业人员，都应当了解甚至掌握资产配置涉及的各类金融产品。

按照难度从易到难排序，金融行业从业资格如下。

（1）银行从业资格

银行从业资格的考试科目有“银行业法律法规与综合能力”“银行业专业实务”。其中“银行业专业实务”下设“个人理财”“公司信贷”“个人贷款”“风险管理”“银行管理”5 个专业类别。详细报考内容参见中国银行业协会官方网站（http://www.china-cba.net）。

（2）基金从业资格

基金从业资格的考试科目有 3 个，分别是“基金法律法规、职业道德与业务规范”“证券投资基金基础知识”和“私募股权投资基金基础知识”。

可通过中国证券投资基金业协会网站“从业人员管理”版块提供的考试报名入口报名，也可以直接登录其报名子站（http://baoming.amac.org.cn）报名。

（3）证券从业资格

证券从业资格的考试分为一般从业资格考试和专项业务类

资格考试两类，对应的考试科目如下。

- 一般从业资格考试包括 2 个科目，分别是“证券市场基本法律法规”和“金融市场基础知识”。
- 专项业务类资格考试包括 3 个科目，分别是“投资银行业务”“发布证券研究报告业务”和“证券投资顾问业务”。

可通过中国证券业协会官网（https://www.sac.net.cn/）中“从业人员”选项进入并提交报名信息。

（4）期货从业资格

期货从业资格的考试科目有 3 个，分别是“期货基础知识”“期货法律法规”和“期货投资分析”，通过前两个科目后，才能报考第 3 个科目。

可通过中国期货业协会官网（http://www.cfachina.org）中“服务支持”选项进入，选择“资格考试”进入报名页面。

（5）专业技术职务（职称）

专业技术职务分为初级、中级和高级。在金融机构工作 4 年以上可以直接报考中级职称，考试通过后，简历表上的“专业技术职务”项就不必留白了。高级职称除了考试之外，还有需要满足的其他条件。另外，职称不仅有经济师，还有会计师、统计师、审计师可以选择。部分城市在人才引进落户政策中，对于持有职称证书的人才可以加分。可通过中国人事考试网进行报名（http://www.cpta.com.cn）。

此外，专业技术职务还有难度更高的专业证书，如注册会计师（CPA）、特许金融分析师（CFA）等。

2. 综合金融产品配置能力

随着客户资产配置需求的综合化、多元化程度进一步加深，对于银行来说，不仅要关注个人金融需求，还要关注家庭、企业的金融需求。这对营销人员的业务能力提出了更高的要求，除了要掌握所在条线的产品，还应当了解跨条线的业务产品。对公客户经理的目标客户是企业。企业是对公客户，而企业主是零售客户。个金客户经理的目标客户是个人。企业员工是代发工资客户，企业主是高净值客户。企业和个人紧密联系，企业金融需求和个人金融需求也是紧密联系的。

在银行，对公条线和零售条线虽然分工不同，但客户的需求是综合的。跳出银行，还应当了解券商、期货、保险、基金和信托的业务、服务和产品。从竞争的角度来说，和银行一样，金融机构都有面向企业的团体业务和面向个人的零售业务，了解竞争对手的情况，才能知己知彼。从客户的角度来说，不管是企业客户和服务是个人客户，单个金融机构能为客户提供的产品和服务是有局限的，没有哪一家机构能给客户提供全方位无死角的服务。

个人客户有存款、理财、贷款、证券投资、基金投资、期货投资、保险和信托的综合金融需求。企业客户有账户开立、支付结算的账户类需求，有债权、股权的融资类需求，有资产保值增值的投资类需求，有财产保险、套期保值的风险对冲类需求。

近年来，金融顾问制度在全国多地开展实施。金融顾问制度要实现从“以牌照为中心”转向“以客户为中心”。

2021年11月22日国务院办公厅发布了《关于进一步加大对中小企业纾困帮扶力度的通知》，其中第三条、第四条对金融行业服务中小企业提出了明确的要求。

“加大信用贷款投放，按规定实施普惠小微企业信用贷款支持政策。对于受新冠肺炎疫情、洪涝灾害及原材料价格上涨等影响严重的小微企业，加强流动资金贷款支持，按规定实施普惠小微企业贷款延期还本付息政策。

推动期货公司为中小企业提供风险管理服务，助力中小企业运用期货套期保值工具应对原材料价格大幅波动风险。”

与个金客户经理相比，对公客户经理更应该掌握综合金融工具的特点和功能。

2012年，笔者在某国有银行担任对公客户经理。当年，钢贸行业风险暴露，银行给钢贸企业的贷款大面积出现逾期和不良。

钢材现货指数从2011年的最高点5110点持续下跌到2015年12月的最低点1870，跌幅近63%。在这期间，银行给钢贸企业的贷款的主要用途是采购钢材。但是，采购回来的钢材现货价格持续下跌，现金变成了存货，存货变现难度加大，现金流出现问题，导致第一还款来源出现严重问题，造成贷款还款逾期甚至成为不良贷款。与此同时，在大部分钢贸企业生存出现危机的时候，有一家上市公司却通过期货工具在 2013 年不仅稳定了企业生产经营，还实现了超额收益。

期货为什么这么神奇？因为期货有一个重要的功能——套期保值。

对于生产者来说，他们担心商品在生产到正式发售期间价格下跌而遭受损失，这时可以采用卖期保值的方式进行套保。对于经营者来说，他们担心在收购商品到销售期间价格下跌而遭受损失，这时也可以采用卖期保值的方式进行套保。对于加工者来说，会面临采购原材料和成品销售的两个风险，既担心原材料价格上涨，又担心成品价格下跌，这时可以对原材料进行买期保值，对成品进行卖期保值。

同样以钢材行业为例，假设在最高点采购钢材现货的同时，买入相同数量的螺纹钢期货空单，持有到 2015 年 12 月最低点，每一手期货合约，将带来 3579 元 ×10=35 790 元的收益。

假设在银行贷款 100 万元，于 2011 年最高点买入钢材现货 100 吨，支付 51.1 万元。与此同时，买入螺纹钢期货合约空单 100 吨，按 10% 的保证金比例，仓位不超过 50%，需要用到保证金 51.8 万元 ×10%×2=10.36 万元。

到 2015 年 12 月最低点时，现货如果卖出去，将亏损 32.19 万元（不含仓储及其他杂费）。此时期货空单每一手收益 3.579 万元，100 吨 =10 手。那么，此时把期货平仓，将盈利 35.79 万元（暂不计交易手续费）。

如此一来，实际收益 = 期货盈利 35.79 万元 − 现货亏损 32.19 万元 =3.6 万元。单从商品来算，不仅没有亏损，反而盈利 3.6 万元。

回过头来，大部分对公客户经理，包括 2012 年的笔者，服务的授信客户主要是行领导营销回来的客户，做的事务性工作主要是收集企业资料，完成授信报告。对于企业的主营业务风险，对公客户经理有一定的认识，但是在授信报告中除了表示关注企业生产经营和订单情况，切实做好贷后管理之外，没有其他的风险对冲方案。这使得对公客户经理在独立营销对公授信目标企业的时候，除了谈贷款利率、比担保条件之外，没有更好的差异化营销内容。

如果对公客户经理在跟企业交流的时候，能够站在企业的角度与企业主沟通其主营业务面临的风险和对冲风险的建议，让企业主感受到自己的专业能力，感受到自己和其他银行客户经理的不同，那么，他赢得这家企业的概率将大大提升。

2.1.5 数字化人才应具备数字化营销能力

数字化营销能力不是指打电话讲话术的能力，而是通过数字化的工具，把自身的专业价值高效、远程地传递给客户的能力。

- 数字化营销应该是运用自己的专业能力，通过数字化平台和工具，持续输出专业知识和内容，在客户心目中树立值得信赖、值得托付的金融专家形象。
- 数字化营销应该是为客户提供便捷、高效的知识交互和金融服务，解决客户的痛点和需求，为客户持续创造价值。
- 数字化营销应该是“不销而销”，通过数字化平台和工具，让客户主动找过来。改变靠礼品拉拢客户的获客手段，真正用专业的服务吸引客户、留住客户。

传统的厅堂营销、电话营销已经不再适应时代的发展和客户习惯的变化，营销人员要把传统营销转型为数字化营销模式。对于银行网点的营销人员而言，要转型为数字化营销人才，应该具备以下营销能力。

1. 专业内容的持续创作能力

银行数字化营销的核心是内容，依靠的是员工的金融专业能力。

要向客户展现金融专业能力，1 分钟的电话基本做不到，5 分钟的面谈也难以做到，而通过持续的专业内容创作可以做到。无论是传统营销还是数字化营销，我们面对的客户形形色色，客户的需求各不相同，即使通过数字化营销方式触达更多的客户，如果营销人员不能解决客户需求，依然不能留住客户。其实，对于营销人员来说，要检验自己对某个知识是否掌握到位，通过文字或语言对外表达是个非常有效的方式。

数字化营销不是阵地战，而是持久战。从开始输出内容到实现业绩产出，需要耕耘的时间至少要以“季度”为单位。

2. 公域流量、私域流量的经营能力

数字化获客的关键是流量，流量就是源源不断的客户。流量分为公域流量和私域流量：由某个品牌、某个企业或某个人自主拥有的，可以自由控制，并能免费多次使用的流量，就是私域流量；反之，由平台方所有，需要付费使用的流量即为公域流量。

公域流量和私域流量是相对的概念。比如：在百度里面搜索淘宝，那么百度是公域流量，淘宝是私域流量；在淘宝里面搜索某一家网店，那么淘宝就变成公域流量，这个网店就是私域流量。

回到银行的角度，在线下，网点周边的住宅社区、产业园区、商圈就是网点的公域流量，进入网点办理业务的客户就变成了网点的私域流量。在线上，各类图文、短视频平台同样是网点的公域流量，添加了微信好友、进入微信群的客户就从公域流量变成了私域流量。

3. 把流量变现的运营能力

金融机构要通过数字化营销，把数字化获客的流量转换为

业绩，核心是具备运营能力。

从 MAU（Monthly Active User，月活跃用户人数）到 AUM（Asset Under Management，资产管理规模）的道路上，银行往往走进了一个误区，认为线上运营就是先发朋友圈、加企业微信、建微信群，然后在群里坚持发早安、午安，或是转发一些客户上网就能看到的金融资讯。结果发现，朋友圈、微信群被客户屏蔽的概率和发送消息的频率成正比。

有效的数字化运营一定能达到持续共赢的局面。客户能够获得价值，员工可以获得业绩，银行可以获得利润。管理者在制定管理政策的时候，员工在具体执行的时候，可以先以能否达到共赢的局面来检验政策和执行的有效性与可持续性。

如果一个政策执行下去，客户得不到价值，那么员工也难以获得业绩。如果强制执行这样的政策，优秀员工会被逼走，银行利润也得不到提升。

有效的数字化运营是打造一个为客户创造价值、为员工带来业绩、为银行带来利润的运营模式，这个模式落地到执行层面，就是通过专业内容的持续输出，通过公域私域流量平台的持续运营，最后使用银行的数字化工具（手机银行、线上店或云工作室）来促成客户开户和购买金融产品。

第 3、4 章将结合新客获取和存量客户激活的数字化营销实例，详细介绍银行员工数字化营销能力的提升路径和操作流程。

2.2 塑造干部的数字化管理能力

在组织和人才方面，银行面临的一大挑战就是如何提高员工，特别是中高层管理人员对数字化转型的认知度，使其认识到数字化转型的必要性并掌握具体的方法，进而推动总行数字化转型战略落地。

为此，不少银行邀请了互联网行业的专家学者来给银行管理者授课。基于监管政策、客群特点、企业文化、产品特点和考核方面的显著差异，银行没有办法照搬互联网行业的方法论，需要开辟一条适合自己的数字化经营管理道路。

2.2.1 银行的营销管理现状

1. 晨会夕会督导会，指标依然难完成

银行分支机构的经营指标有数十项，单零售条线就有储蓄存款余额、储蓄存款日均余额、低成本全口径负债、管理资产规模、私行客户净增、VIP 客户净增、有效客户净增、中间业务收入、基金销售量、保险销售量、贵金属销售量等指标。

目前，随着时代的发展和客户行为习惯的变化，以及银行数字化业务受理渠道的日益成熟，客户对传统网点的依赖程度越来越低，传统的依赖银行网点的厅堂营销和电话营销模式明显不适应市场和客户的变化。银行也逐渐转型为“家门口的银行”和“掌上银行”，客户通过手机银行、网上银行等线上数字

化渠道可以 7×24 小时办理金融业务。

客户是各项业绩指标的土壤，没有客户就没有业绩。当客户不再来银行网点，不再接听银行的营销电话的时候，银行如何了解客户的需求，又如何为客户配置符合其需求的金融产品呢？

年年难过年年过，一年更比一年难。每年的业绩指标确定之后，总行下达给分行，分行拆分给支行，支行再拆分给员工。在业绩指标的推动方面，分行给支行提要求，支行给员工提要求，再通过 Excel 表格出通报、出排名、出考核、出绩效。当业绩指标进度不理想的时候，分行对业绩靠后的支行做督导，支行对业绩靠后的员工做督导。每场指标督导会，不外乎以下环节。

上级通报业绩数据，指出哪里不好；下级汇报为什么没有做好并提出改进措施。

督导会，要有“督”，更要有“导”。现在大部分的督导会只做到了“督”，缺乏“导”。没有哪个员工不想完成业绩，没有哪个分支机构不想完成业绩。员工需要领导的指导，支行需要分行的指导。当员工在完成指标的过程中遇到困难时，支行管理者需要给员工指明正确的发力方向，并给予足够的指导和支持。当支行在经营发展的过程中遇到困难时，总行、分行管理部门需要站在支行的角度，帮助支行分析市场、分析客户，给支行的经营发展指明方向。

笔者在某银行总行零售部工作期间，该行零售部组织总行零售条线部门，从创利、市场、客户、产品、员工等多个维度，结合分行实际，给每家分行出具了一份专业价值和指导价值极高的“一行一策”，帮助分行梳理经营思路，明确发展方向。

盯着客户做事，不仅是买方投顾时代对营销人员的要求，更是对总行、分行业务管理部门的要求。业务管理部门如果还是依照过去的经验，只管下指标、出通报，而不去了解市场、了解客户，制订的管理办法和工作指南注定会脱离市场、脱离客户，不但无法为一线营销人员的赋能，反而会成为营销人员的枷锁，进而激化管理矛盾。

指标完成不好，员工要反思，管理者更要反思。反思不是相互追讨，而应是相互研讨。管理者应当离员工近一点，多听听员工的心里话；应当离客户近一点，了解市场、客户的变化。多思考应该如何为员工指明正确的方向，如何为员工提供有效的管理支持。

2. 培训训练加辅导，员工很少听进去

某网点关于三方绑卡的工作要求如下。

- 各网点每日最低要求绑卡 10 张（含借记卡和信用卡），当日未达绑卡要求的网点，请大堂经理和理财经理到支行参加班后培训。
- 连续两天未达每日绑卡要求的网点，网点负责人和理财经理、大堂经理一同参加班后培训。

- 每个网点连续三天必须有一天绑卡达 30 张，未达到的，第三天（周三）网点全员到支行参加班后培训。

这样的班后培训，笔者也参加过，培训内容主要是产品的学习。对于网点负责人和员工来说，培训内容与员工的需求不匹配，产品早就掌握了，问题在于如何有效地营销产品。

有银行员工表示："行里开展的培训，很少能提升专业知识，都是为了引导我们去说服客户。尤其是那些银保人员，只会讲话术，甚至他们自己都没有把产品的特性弄清楚。"

不是员工拒绝学习、拒绝成长，不符合时代发展、不懂员工需求的培训其实是在浪费员工的时间，浪费银行的资源。

3. 团建活动没少搞，员工还是难留住

银行员工，特别是新员工离职率持续上升。"逃离银行"逐渐成为一种网络文化。在互联网平台，输入"银行辞职"，能看到大量的银行从业者晒出离职证明，晒出离职后的快乐。曾经有助于提升员工凝聚力、提升员工归属感的团建活动，在如今这个时代已被年轻员工视为负担。

员工要离职，不是钱给少了，就是受委屈了。简单粗暴的管理方式对笔者这一代银行人或许有用，但对新生代员工没有用，他们不吃这一套。要留住员工，首先要留住员工的心。管理者如果没有解决员工的心理认同问题，那么组织再多的团建活动也留不住员工。

2.2.2 数字时代的管理者能力模型

数字时代的管理者需要会算账、懂员工、懂客户。

1. 会算账的管理者

提升银行利润，提升员工收入，这是管理者经营管理的目标和衡量其管理水平的标准之一。目前，大多数银行实行的是经济利润考核，计算公式如下。

$$经济利润 = 利息收入 + 非息收入 - (资金成本 + 运营成本 + 信贷成本 + 税务成本 + 资本成本)$$

（1）利息收入

利息收入是银行最重要的收入来源。从部分银行 2014 年到 2021 年的利息收入占比数据来看，利息收入在银行收入结构中的占比超过 60%。利息收入的计算公式如下。

$$利息收入 = 外部利息收入 + 内部利息收入$$

外部利息收入是指为客户提供资金所取得的收入，主要体现在银行的资产业务上，例如贷款。内部利息收入是指为吸纳资金所取得的内部资金转移定价（Funds Transfer Pricing，FTP）收入，主要体现在银行的负债业务上，例如存款。

在 FTP 一定的情况下，银行的存款利率越高，贷款利率越低，利差越小，银行的利息收入越少；反之，存款利率越低，贷款利率越高，利差越大，银行的利息收入越多。

近年来，国家连续出台减费让利政策，银行贷款利率承压。数字时代，银行网点获客难度增大，为了获取新客户，留住老客户，银行存款利率几乎上浮到顶，利差进一步收窄。

（2）非息收入

非息收入是指除利息收入以外的营业收入，主要为中间业务收入。中间业务收入主要包括银行卡业务、代理业务、理财业务、清算结算业务、资产托管业务、投行咨询业务、担保及承诺业务等方面的收入。

利息收入由于受利率政策和经济周期的影响较大，具有周期性特征，并且有坏账风险。而非息收入不占用经济资本，没有坏账风险。近年来，各大银行相继发力中间业务，以提升非息收入的规模和占比。

与利息收入相比，非息收入更加考验银行的专业能力和营销能力。

对于零售板块而言，非息收入主要来源于银行理财及代销产品收入、银行卡交易手续费收入和清算结算收单业务收入。银行理财及代销产品的收入来源如下。

- 理财产品：基于交易金额的认申购费和销售管理费，基于保有规模的管理费、超额业绩报酬。
- 基金：基于交易金额的申购费、赎回费，基于保有规模的管理费和销售服务费。

- 保险：基于交易金额的保险代销收入。
- 信托：基于交易金额的信托代销收入。
- 贵金属：基于交易金额的贵金属代销收入。

2. 懂员工的管理者

员工的稳定性是衡量管理者管理水平的标准之一。有的管理者会抱怨：下达了指标，员工完不成；组织多场培训，员工业绩也没有提升；要求打电话营销，员工又不想打，这个队伍实在带不动。

笔者非常认同一位银行领导的观点："领导说员工不行的，一般都是自己不行，员工不会做，说明你没有教好，员工不愿意做，是激励不到位。先有领导力，后有执行力，没有领导力，凭什么要求员工有执行力。"

管理者在分配业务指标的同时，如果能给出具体的、有效的营销策略，并结合业务营销做管理，这样的管理将会更加有效。当员工认识到管理者的方向正确时，就会主动跟随。反之，如果管理者没有营销策略，只知道下任务、"灌鸡汤"、出通报、开检视会，无法给员工指出正确的方向，这种简单粗暴的管理方式只会激化管理矛盾，破坏团队稳定，对业务发展起到反作用。

新生代员工需要平台，需要空间，需要方法。管理者要想让员工主动追随，要能够为员工指明正确的方向，给员工足够的支持和信心，为员工答疑解惑，让员工觉得"有奔头，有干头，有劲头，有甜头”。

笔者 2015 年接手一家新网点的时候，和员工做了如下约定。

“我们的网点没有存量客户，没有存量业绩，一切从 0 开始。我负责开拓市场渠道，你们负责把客户服务好。如果我没有把获客渠道打开，没有客户到网点，这是我的失职；如果客户来了，你们没有把客户留下，这是你们的失职。”

经过全体员工的共同努力，2016 年 7 月 13 日，网点业绩在总行集团官网新闻栏刊载。

3. 懂客户的管理者

布莱特·金有句名言：“金融服务无处不在，就是不在银行网点。”

在客户办理业务不必再来网点，不再愿意接听营销电话的时代，管理者需要思考如何获取新客户，如何激活存量客户。管理者懂客户，主要体现在经营管理工作中，给员工下达的过程管理工作要求，符合不同客群的行为习惯；给员工下达的产品销售工作要求，符合不同客群的风险偏好。

2.2.3　重新构建数字化营销的过程管理

当下，网点对营销团队的过程管理主要考核的是与不同资产等级客户的触达频率。仅仅考核触达频率或许略显单一，还应考虑客户抵触什么方式，接受什么方式。目前，银行网点与客户的触达方式有电话、短信、沙龙、外拓面访、个人微信、企业微信和微信群等。在过程管理中，主要考核的还是电话营销，例如大部分银行会要求客户经理每天打满 20 或 30 个电话。打电话讲的内容主要是话术和产品，打电话的目的主要是卖产品。

要求网点员工加班背话术、打营销电话，除了浪费时间，让员工、客户反感，没有别的作用。银行要把传统的电话考核转型为数字化营销的考核内容。

数字化营销离不开内容的持续输出，离不开粉丝的持续获取，离不开私域流量平台（例如微信群）对客户的持续耕耘。这 3 个环节缺一不可，有的银行尝试跳过前两步，直接进入第三步——建立客户微信群，结果只有银行员工在群里说话、发红包、发产品，客户没有交流，这个群也自然失去价值。

笔者将数字化营销过程管理的考核维度归纳如下。

1. 内容输出考核

- 内容输出形式可分为图文和短视频，由员工灵活选择。图文和短视频的创作时间不一样，输出频率也应当不一样。
- 内容交互数据包括发布内容的阅读量、点赞量、收藏量与评论量。由于员工掌握流量平台的推流特点需要时间，平台主题也在动态变化，因此建议将该指标设为加分指标，不设为扣分指标。

- 平台账户粉丝量单独设为加分指标，不设为扣分指标。

笔者开展流量营销获客以来，重点关注阅读量、粉丝量等过程指标。在知乎、蚂蚁财富、小红书、同花顺、雪球、微信公众号、东方财富、京东金融等公域流量平台注册账户（账户名称：洲城的养基日志）。坚持每天输出基金主题内容，借助公域流量平台的流量分发机制，通过线上低成本的方式快速提高基金主题内容的触达人数和阅读次数，实现全网内容阅读量超 500 万，全网粉丝数超 7 万，微信好友数达 1.3 万。

笔者在某银行总行社区支行行长能力提升培训班和广州分行精英理财经理战狼训练营上制订了内容通关考核表，如图 2-1 所示。

姓名：

考核分值		10分	20分	30分	40分	50分	得分
小红书	阅读量	100	200	300	400	500	
	评论	1条咨询互动评论+2分，上限20分					0
	收藏	1个收藏+2分，上限20分					0
	点赞	1个点赞+1分，上限10分					0
小红书合计							0
考核分值		10分	20分	30分	40分	50分	得分
公众号	阅读量	20	40	60	80	100	
	在看	1个在看+2分，上限30分					0
	点赞	1个点赞+1分，上限20分					0
公众号合计							0
流量营销实训总分=小红书得分60%+公众号得分40%							0

图 2-1　内容通关考核表

2. 数字资产考核

（1）微信好友数

强调微信好友数的原因是银行的 CRM 系统数据的局限性太明显。

一是只能采集到客户在银行的资产数据和显性数据，例如客户姓名、身份证号码、手机号码、联系地址以及持有存款、理财产品的数据。

二是 CRM 系统的数据只有资产数据是动态的，其他信息都是静态的。营销人员为客户配置金融产品的前提是了解“你”的客户（Know Your Customer，KYC）。KYC 的范围包括客户的实际风险承受能力、客户的全量资产负债情况、客户的投资偏好、客户的兴趣爱好以及近期的关注点。CRM 系统仅能帮助营销人员了解客户在本行的资产负债情况，无法了解客户全量的资产负债信息和动态信息，就连客户的兴趣爱好都是营销人员手工输入的，不一定准确。

笔者在担任网点负责人期间，分行对理财经理有一个考核要求是 VIP 客户的信息完整度要达到 90%，其中就包括客户的兴趣爱好。当时，还有大量的客户会到网点办理业务，理财经理在厅堂都忙不过来，根本没有时间跟客户联系。更何况，客户也不一定会接理财经理电话，跟理财经理聊这些事情。那么，CRM 系统里的兴趣爱好，有多少是客户的真实爱好？有多少是理财经理为了应付考核而臆想的爱好呢？

现在很多银行用上了企业微信，基于 CRM 系统信息为客户匹配客户标签。但如果 CRM 系统的客户画像不准确，同步到企业微信中的画像能准确吗？能为营销人员提供有价值的营销参考吗？而添加客户微信好友，至少能通过客户的朋友圈来获取客户的动态信息，基于客户的关注点，给客户提供有针对性、有价值的金融服务。要让客户同意理财经理添加微信好友，单靠下指标是行不通的，需要给理财经理提供切实可行的方法，这个方法一定要对客户有价值。

（2）分层客群好友率

笔者建议对理财经理的过程管理，不要关注理财经理每天是否打满 20 个电话，每个通话是否在 1 分钟以上，而是要关注理财经理添加客户微信的比例。

例如，对于私行和贵宾客户，要求理财经理 100% 添加他们为微信好友。从 CRM 系统导出私行客户、贵宾客户，对于没有加上好友的高净值客户，再给理财经理 1 ～ 2 个月时间，如果到时还没有加上微信好友，就把客户划走。对于普通客户，不考核微信加了多少，只考核微信群的数量。

强调这个指标是因为如果连客户的微信都加不上，说明客户对理财经理的服务不认可，其实就是对这家银行不认可。这位客户迟早会被别的机构抢走，这个机构可能是其他银行，也可能是券商、保险、信托。

（3）细分主题微信客群数

重新审视以资产为分层依据的客群运营机制，银行主要按照资产等级做客户分层，比如 600 万元以上为私行客户、50 万元以上为 VIP 客户、5 万元以上为中端客户、1 万元以上为有效客户等。

按照资产分层存在一个客观问题：对于理财经理来说，单是服务资产在 50 万元以上的客户就已经心有余而力不足了，更无暇顾及资产在 5 万元以下的客户了。但是，某客户在 A 银行存款不高，并不代表他在 B 银行也没有多少存款，他可能就是 B 银行的 VIP 客户。

对于本行大量的低资产客户，采用传统的营销方式，理财经理没有时间和精力去跟他们交互。

没有交互，何来认识？何来认可？何来信任？很多银行的同仁在说，新客获取难，老客提升难。这个难，不是因为产品不够好，也不是因为员工不努力，而是因为管理思维和运营思维没有转变。为了规避按资产划分客群的弊端，笔者以产品和兴趣为客群分类依据，建立了基金主题社群 19 个，总人数超过 7000 人；非基金主题社群 38 个，总人数超过 5000 人。

2.3 本章小结

银行在数字化转型经营的过程中，要求网点去勇敢探索的同时，总行、分行的业务管理部门也应该调整管理思维和策略，把简单粗放的摊指标管理模式转型为有策略、有方法、有机制、有配套的赋能式管理模式。

一线网点和营销人员最贴近市场，最懂客户，对市场和客户变化最敏感，总行、分行的业务管理部门应当给一线网点和营销人员创造一个敢想、敢拼、敢探索的创新氛围，建立容错机制，多给网点留出转型的时间和空间。这或许会让网点管理者觉得心里没底，毕竟数字化转型对于银行来说是一个新探索、新挑战，但是如果不勇敢迈出这一步，网点目前的困境将成为未来的困境。

Chapter 3 第 3 章

数字化营销破局与获客

2022 年 1 月 26 日，中国银保监会办公厅发布《中国银保监会办公厅关于银行业保险业数字化转型的指导意见》(银保监办发〔2022〕2 号)，以下简称《指导意见》。《指导意见》指出，大力推进个人金融服务数字化转型：充分利用科技手段开展个人金融产品营销和服务，拓展线上渠道，丰富服务场景，加强线上线下业务协同；构建面向互联网客群的经营管理体系，强化客户体验管理，增强线上客户需求洞察能力，推动营销、交易、服务、风控线上化智能化；对老年、残障、少数民族等客户群体，加强大字版、语音版、民族语言版、简洁版等应用软件功能建设，增强对无网点地区及无法到达网点客群的服务覆盖，提高金融产品和服务可获得性，推动解决“数字鸿沟”问题。

在支行网点层面，大部分银行依然停留在传统的服务模式，例如厅堂营销、电话营销、短信营销、沙龙营销等。在拓展线上渠道，构建面向互联网客群的经营管理体系，强化客户体验管理，增强线上客户需求洞察能力等方面，银行还有较大的提升空间。

随着客户行为习惯的变化，传统的营销方式已经遭受严峻的挑战，客户不愿意来银行网点办理业务，也不愿意接听银行的营销电话，更不愿意参加沙龙活动，银行需要利用数字化营销破局与获客。本章将结合客群特点，梳理获客逻辑，总结适合银行的数字化营销流程和方法。

3.1 数字时代的获客难点

新客户营销是银行网点的重点工作之一。进入数字时代，传统的营销方式已经不再适应时代变化和客户行为习惯的变化，致使网点在营销获客方面举步维艰，主要体现在银行网点与新客户的触达和交互方面。

3.1.1 触达难

1. 面对面触达难

由于银行数字化进程加快，客户不再依赖银行网点办理业务，银行网点每天的到店客户数断崖式下跌，仅依靠网点厅堂获客的方式难以触达更多客户。网点偶尔组织沙龙、外拓的线下营销，这两种方式的投入与产出不匹配，且员工容易有抵触情绪，客户触达效率低，新客转化率低。

2. 不见面触达难

银行现行的不见面触达方式主要包括电话、短信、微信（企业微信）、朋友圈等。在与新客户毫无关联的情况下，银行获取新客户的联系方式就是第一个难题。

银行采集新客户联系方式主要有以下 5 种途径。

- 网点厅堂的自然到店客户。
- 沙龙活动签到时客户登记的联系方式。
- 外拓到社区、市场、写字楼等地点摆摊、设点、发传单，靠小礼物换取客户的联系方式。
- 通过银行公众号发布一些福利活动换取客户的联系方式。
- 与互联网金融平台合作，收集客户申请贷款或开立Ⅱ、Ⅲ类账户时留下的联系方式。

下面重点讨论依靠福利活动获客的弊端。

银行为了获取新客户，会做一些营销活动，比如新客开卡领微信立减金、新客户办卡领 168 元通用券、新客激活抽奖等。这种福利确实能够吸引一批客户过来薅银行的“羊毛”，对银行的新开账户数，手机银行注册用户数，微信、支付宝、云闪付绑定数，企业微信好友数等目标的达成有一定的促进作用。

然而通过让客户“薅羊毛”换来的指标并不能给银行带来利润增长。

新开账户、新注册手机银行、第三方支付绑定及企业微信好友等无法给银行带来营业收入。客户只有持续使用账户，并使用账户完成存款、贷款、支付、理财投资等业务，才能给银行带来营业收入。

为了让客户持续使用新账户办理业务，大部分银行会把新客户分配给一线营销人员维护。一线营销人员拿到联系方式后，只能通过电话和短信联系客户，而这两种方式已经过时了。

通过福利和权益获取的客户，他们图的是银行的赠品，俗称“羊毛党”。一旦另一家银行的福利更有吸引力，这些客户会毫不犹豫地转向它的怀抱。毕竟，这类客户花时间注册的目的并不是获得银行的专业服务。

客户用时间换得“羊毛”，银行用“羊毛”换得客户。可是银行用“羊毛”换来的并不是有价值的客户。笔者的学员曾抱怨：“现在的客户，要么拿了礼品就转走钱，要么到期就转走，甚至有的客户威胁我没有礼物就要转走钱。”

更重要的是，这样的做法并不合规。2018 年，中国银保监会办公厅联合中国人民银行办公厅发布《中国银行保险监督管理委员会办公厅　中国人民银行办公厅关于完善商业银行存款偏离度管理有关事项的通知》，其中第二条关于强化合规经营部分，对规范吸收存款行为提出了明确要求：商业银行不得通过返还现金或有价证券、赠送实物等不正当手段吸收存款。

银行每次通过公众号或视频号发布福利活动后，都会要求一线员工转发，认为员工转发微信朋友圈就能触达新客户。

银行员工发的微信朋友圈，在不被屏蔽的情况下，能触达以下四类人员。

- 有关联的客户。
- 亲朋好友。
- 领导和同事。
- 其他不熟悉的微信好友。

上述角色我们界定为第一圈层。第一圈层的微信好友在看到银行员工转发的广告推文后，如果不转发，这条朋友圈是无法跳出第一圈层的。对于广告类信息，客户和亲朋好友基本上没有意愿转发。第一圈层的人员，要么已经是客户，要么难以成为客户，因此采用转发朋友圈的方式难以触达新客户。

3.1.2 交互难

一个有效的交互，是你来我往的交互。对于没有联系方式的新客户，不存在交互可言；对于获取了联系方式的新客户，交互主要靠打电话。电话交互场景如下。

银行营销人员：先生/女士您好，我是您在××银行的理财经理小王，很高兴认识您。现在市场振荡，大家都关心后续市场怎么走、怎么理财，耽误您几分钟时间让我与您交流这方面的看法，您看可以吗？

客户：不需要，谢谢！

客户挂断电话，整个过程毫无交互可言。在广告电话、垃圾电话、诈骗电话盛行的当下，客户被大量骚扰电话打扰，银行想要通过电话外呼的方式向新客户营销，已经陷入死胡同了。

3.2 数字化营销破解获客难题

要破解获客的难题，首先需要知道新客户在哪里，并借助数字化工具触达新客户。接下来，基于与新客户的沟通交互，让他们从认识到认可。最后基于新客户对营销人员的认可，实现新客户的转化，进而破解获客的难题。

3.2.1 找到新客户

银行网点没有客户，那么客户在哪里呢？公开数据显示，截至 2021 年 12 月，中国移动互联网月活跃用户规模已超 10 亿，他们就是银行的客户。随着银行数字化转型的发展，银行的数字技术已经成熟，超 10 亿的移动互联网用户不必到网点就可以成为银行的客户。但是，银行没有这些客户的联系方式，也不知道客户在哪个城市，更添加不了他们的微信，厅堂营销、电话营销、外拓营销等传统营销方式根本无法触达。

银行想要触达他们，必须探索数字化营销模式。

3.2.2 触达新客户

客户在哪里，银行就要出现在哪里，这样才有机会触达客户。公开数据显示，移动社交类 App 的用户规模在所有类别里面排名第一。移动社交类 App 中：微信生态用户量超 10 亿，位居第一；微博位居第二；紧随其后的是小红书、知乎。通过这些 App，就有机会触达客户。想要通过移动社交类 App 触达客户，银行需要做如下准备。

- 了解平台的用户画像。
- 了解平台的运营规则。
- 了解平台的限制规定。
- 了解平台的推流机制。

3.2.3 与新客户交互

在数字时代，客户获取信息的广度和深度实现了质的飞跃，银行营销人员如果还寄希望于用不真诚的话术来“忽悠”客户，很容易被客户一眼识破。

数字化营销离不开流量平台，在移动社交 App 上，如果银行直接把营销话术和广告图片发给用户，用户点击“举报”就可以让这个账号被封掉。要想与新客户开展有效交互，交互的内容必须对其有价值。对新客户有价值的内容主要分为两个方面。一方面是解决新客户痛点，例如，新客户在其他金融机构购买了基金，现阶段处于亏损状态，那么基金亏损就是这位客户的痛点。银行营销人员与客户交流的内容，应当以基金为核心，帮助客户分析持仓基金，提供专业的优化建议。另一方面是与新客户兴趣点一致的内容，例如，客户喜欢宠物，可以与客户交流宠物的话题，给客户提供宠物喂养的建议。

与客户有效交互的基础是，营销人员具备与客户痛点和兴趣点对应的专业能力。同样以基金为例，如果营销人员自己不懂基金，不会分析基金，没有一个经过市场验证的交易策略，即使了解到客户购买基金的痛点，也无法针对痛点提出有价值的专业内容和建议。

3.2.4　实现新客户转化

新客户转化的标志是开立账户，这个账户可以是实体卡，也可以是电子账户。凡是不能带来银行账户开立的营销都是无价值的营销。哪怕在流量平台上的粉丝过万，如果营销不能带来新开户，也只是浪费营销人员的时间和精力而已。

得益于银行总行科技团队的努力，银行数字技术已经很成熟，为银行分支机构营销人员实现线上营销奠定了坚实的基础。新客户在手机上即可办理银行开户、支付结算、存款贷款、理财投资等业务。

无论是政策监管方面还是数字技术方面，都已为银行网点的数字化获客创造了条件。

1. 政策监管方面

（1）账户管理

中国人民银行于2016年下发《中国人民银行关于加强支付结算管理防范电信网络新型违法犯罪有关事项的通知》（银发〔2016〕261号），以下简称“261号文”。

261号文第一条，加强账户实名制管理中，对个人银行结算账户提出如下规定。

“自2016年12月1日起，银行业金融机构（以下简称银行）为个人开立银行结算账户的，同一个人在同一家银行（以法人为单位，下同）只能开立一个Ⅰ类户，已开立Ⅰ类户，再新开户的，应当开立Ⅱ类户或Ⅲ类户。”

为了促进Ⅱ、Ⅲ类账户的开户及应用，2018年，中国人民银行下发《中国人民银行关于改进个人银行账户分类管理有关事项的通知》（银发〔2018〕16号），简称“16号文”，对开户、资金转入转出及限额等方面做了很多优化和改进，扩大了Ⅱ、Ⅲ类账户的应用范围。

Ⅰ类账户是指在银行网点柜台办理的实体普通借记卡及结算存折，具备个人结算账户全功能。

Ⅱ类账户是指通过互联网渠道线上开立的电子账户，也可配发实体卡，主要有储蓄存款和投资理财、限额消费和缴费、限额向非绑定账户转出资金等业务功能。账户余额与Ⅰ类账户一样无限制。

Ⅲ类账户与Ⅱ类账户一样，是通过线上渠道开立的电子账户，主要功能有限额消费和缴费、限额向非绑定账户转出资金等功能。Ⅲ类账户任一时点余额不得超过2000元。

根据上述规定，新客户可以通过手机银行等自助渠道申请开立Ⅱ、Ⅲ类账户，为银行远程获客打开了市场空间。

2020年10月以来，国家开展了打击出租、出借、出售银行卡的"断卡"专项行动。Ⅱ、Ⅲ类账户是电子虚拟账户，无法进行实体卡买卖；同时，Ⅱ、Ⅲ类账户具有限额向非绑定账户转出资金的功能，不具备出租、出借和出售价值。为客户开立电子账户，正是银行积极落实"断卡"行动工作要求的体现。

（2）存款、贷款业务管理

2021年初，为规范商业银行通过互联网开展个人存款业务，维护市场秩序，防范金融风险，保护金融消费者合法权益，中国银保监会办公厅、中国人民银行办公厅联合印发了《中国银保监会办公厅 中国人民银行办公厅关于规范商业银行通过互联网开展个人存款业务有关事项的通知》（银保监办发〔2021〕9号），以下简称"互联网存款新规"。互联网存款新规指出："地方性法人商业银行要坚守发展定位，确保通过互联网开展的存款业务，立足于服务已设立机构所在区域的客户。无实体经营网点，业务主要在线上开展，且符合银保监会规定条件的除外。”

同期，为进一步规范互联网贷款业务行为，中国银保监会办公厅发布了《中国银保监会办公厅关于进一步规范商业银行互联网贷款业务的通知》（银保监办发〔2021〕24号），以下简称“互联网贷款新规”。互联网贷款新规指出：“严控跨地域经营。地方法人银行开展互联网贷款业务的，应服务于当地客户，不得跨注册地辖区开展互联网贷款业务。无实体经营网点、业务主要在线上开展，且符合银保监会其他规定条件的除外。”

由于城商行和农商行设立机构覆盖以本市或本省为主，互联网存款、贷款新规下发后，对城商行、农商行等地方法人银行的影响较大，对国有银行及全国性股份制银行影响较小。

2. 数字技术方面

（1）账户方面

客户可以通过手机银行、微信银行[㊀]、线上店、云工作室等平台实现线上开户。

（2）支付方面

客户可以通过手机转账、线上账户绑定、二维码支付、指纹支付、人脸支付等方式实现支付结算。

㊀ 微信银行是银行在微信端开发的业务端口，客户在微信上就可以开户。

（3）投资理财方面

客户通过Ⅱ类账户即可办理活期存款、定期存款、大额存单，购买理财产品和基金产品。

（4）贷款、信用卡方面

客户可通过手机银行等线上平台申请贷款、申请信用卡、办理分期业务。

对于工、农、中、建、交五大国有银行和邮政储蓄银行以及十二家全国性股份制银行的营业网点而言，数字技术能够帮助经营机构实现一家网点联通全国客户。笔者在辽宁省盘锦市通过手机银行开立了中国农业银行湖北恩施分行的Ⅱ类账户，如图 3-1 所示。

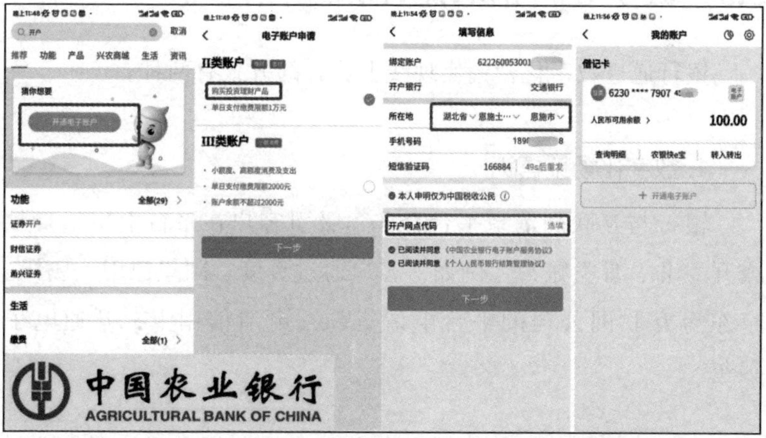

图 3-1　通过手机银行异地开立农行Ⅱ类账户

3.2.5 数字化营销的价值

银行业保险业数字化转型的基本原则是，坚持回归本源，把服务实体经济、服务人民群众作为银行业保险业数字化转型的出发点和落脚点（详见《中国银保监会办公厅关于银行业保险业数字化转型的指导意见》，银保监办发〔2022〕2号）。

银行网点开展数字化营销，可以在公域流量平台输出内容，借助流量平台的内容推送机制吸引粉丝，再把粉丝引流到私域平台（例如微信）。通过持续为粉丝提供有价值的专业内容，让粉丝认可银行营销人员的金融专业能力，完成账户开立和资产配置，最终成为银行的客户。

3.3 数字化营销的流程和过程管理

银行通过数字化营销实现线上获客的方式有两种。

1. 数字化场景营销

银行与互联网消费平台合作，吸引客户在平台上申请贷款或开立Ⅱ、Ⅲ类账户。例如，客户通过百度、阿里巴巴、腾讯、京东等互联网公司的平台申请贷款，申请信用卡，开通电子钱包。

这种方式主要由银行总行、分行牵头营销及系统对接，对于支行网点来说，可复制性不强，因此，本书不讨论这种营销模式。本书讨论的数字化营销主要是银行网点数字化直营模式。

2. 网点数字化直营

开发网点、营销人员的数字化营销能力，是银行都想做的事情，并且也请了很多互联网专家来银行传道授业，但是基于监管政策、客群特点、产品特点和考核方面的显著差异，银行没有办法直接抄互联网行业的作业。

笔者从 2020 年 3 月开始探索银行数字化营销。做数字化营销，离不开持续的内容输出和粉丝运营。两年时间，笔者全网粉丝超 7.5 万人，被动添加微信好友超过 1.4 万人，运营金融主题微信群 19 个，总人数超过 7000 人，非金融主题微信群 38 个，总人数超过 5000 人。不依赖线下网点，线上办理开户业务超 2000 户，实现了存款、贷款、理财、基金、保险和信用卡等产品的纯线上销售。下面介绍笔者总结的数字化营销流程和过程管理。

3.3.1　第一步：明确人设定位，打造个人 IP

人设，一般指人物设定。数字化营销需要银行营销人员在互联网世界打造一个数字化的形象，给自己一个明确的人物设定。银行营销人员的人设定位要让客户能够清楚地知道能获取哪些方面的知识和服务，或者能够获得什么价值。

个人 IP 指个人对某种成果的占有权，在互联网时代，它可以指一个符号、一种价值观、一个具有共同特征的群体。

金融行业营销人员要用金融专业能力为客户提供持续价值，在客户心目中树立一个专业的形象，这个形象就是个人 IP。打造金融专业类个人 IP 与打造娱乐类、美妆类等非金融类 IP 有着本质的区别，一般要参考以下 3 个维度。

1. 从业资格

中国人民银行行长易纲发表的研究文章《再论中国金融资产结构及政策含义》(原文刊载于《经济研究》2020 年第 3 期）指出，金融是特许行业，必须挂牌经营。金融从业人员作为特许行业的工作人员，也应当持证上岗。银行业有银行从业资格，证券业有证券从业资格，基金业有基金从业资格，期货业有期货从业资格。

2020 年 9 月 7 日，中国银行业协会印发了《银行业从业人员职业操守和行为准则》(银协发〔2020〕120 号)。该文件第六条明确要求："银行业从业人员应当具备现代金融岗位所需的专业知识、执业资格与专业技能；树立终身学习和知识创造价值的理念，及时了解国际国内金融市场动态，不断学习提高政策法规、银行业务、风险管控的水平，通过'学中干'和'干中学'锤炼品格、补充知识、增长能力。"

银行从业人员在设定个人 IP 时，首先应当分析自己具备哪些从业资格，具备哪些专业能力。这不仅是监管机构对金融从业者的要求，也是互联网平台对内容创作者的要求。

以小红书为例，如果创作者要在小红书上持续发布金融专业内容，小红书会对其金融从业资格进行审核。在小红书平台上会有以下文字提示："对于具有相关从业资质的用户，请以附件形式提供个人身份证照片，证券、期货投资咨询人员执业证书，以及工作单位的资格证书（或相关证明），按照邮件格式进行报备，邮件命名为小红书理财博主－认证资质－××"。

2. 工作经历

银行分支机构大致有如下岗位，不同的银行称谓或有不同。

- 网点柜台：综合柜员、会计主管（或营运主管、柜台经理）。
- 网点厅堂：大堂经理、个金客户经理（或理财经理）、大堂管理经理（或厅堂主管、营业经理）、网点负责人（或分理处主任、二级支行行长）。
- 支行部门：对公客户经理、个贷客户经理（或零贷客户经理）、对公管理经理（或支行公司部经理）、个金管理经理（或支行零售部经理）。
- 支行行政：行政助理、检查辅导（后督）、保卫干事、办公室主任（或综合管理部经理）。
- 领导班子：支行行长、对公分管行长、零售分管行长。

分工不同，岗位不同，工作职责也不同，不同的岗位要求的经历和专长也不同。

会计条线员工在账户管理、支付结算、外汇管理、反洗钱等会计内控制度方面专业能力更强；零售条线员工在财富管理业务、投资理财业务、个人贷款业务方面专业能力更强；公司条线员工在企业贷款融资类业务方面专业能力更强。工作经历也是银行从业人员打造个人 IP 的重要参考之一。

3. 业务专长

木桶理论最初由美国管理科学家劳伦斯·彼得提出，他认为，企业和个人的竞争力是由其最薄弱的短板决定的，短板制约着企业和个人的发展。

在注重个体竞争的时代，木桶理论是有效的。但是进入互联网时代，企业和个人的核心竞争力不再取决于最短的那块板，而取决于最长的那块板。因为在强调分工协作的互联网时代，随着信息化带来的沟通效率的提升和更加垂直的行业细分，短板可以通过合作来弥补，而合作的前提是有长板。

银行营销人员要打造个人 IP，树立专业形象，一定要找到自己的长板。这个长板并不限于金融领域，特别是新员工和跨条线转岗的员工，在金融专业能力上还处于学习提升期，而在其他领域的专长，如书法、绘画、音乐、体育、厨艺、钓鱼等也可以成为他们的专长定位。本书聚焦于金融领域，暂不讨论非金融专业 IP 的打造。

金融行业有存款、贷款、理财、基金、保险、股票、期货和贵金属等业务，银行员工可以在这些业务中找到自己最擅长的业务作为自己的 IP。

3.3.2　第二步：结合人设定位，持续创作内容

中国银保监会办公厅在《中国银保监会办公厅关于银行业保险业数字化转型的指导意见》中指出，要建设数字化运营服务体系，提升服务内容运营、市场活动运营和产品运营水平，持续提高数字化经营服务能力。

内容运营需要持续进行内容创作，创作的内容要符合专业定位，具有专业价值，并且让客户看得明白。金融专业类 IP 可以选择的主题很多，凡是存在金融专业属性的主题都可以成为可选主题。

财富管理市场产品的多样性和复杂性对客户应具备的投资知识和风险意识提出了更高的要求，投资者教育更加重要，要让客户了解必备的金融知识，了解财富管理市场不同类别产品的收益和风险。

银行营销人员对金融专业内容的持续创作，是践行投资者教育的有效方式，不但有利于树立自己和银行的专业形象，还有利于帮助客户树立正确的投资理念，掌握正确的投资方式，防范金融诈骗，这也是监管机构对金融机构履行社会责任的工作要求。

1. 内容要求

（1）通俗性

银行与客户的有效沟通，是指银行传递给客户的信息客户能够理解。只要客户理解了信息，即为有效沟通，并不需要客户完全接受。有效沟通在银行的营销环节中非常重要，营销人员要销售金融产品给客户，把金融产品的信息传递给客户，同时进行风险揭示，如果客户能够理解产品特点和风险，沟通就是有效的，并不需要客户购买。

金融产品本身的复杂性和专业性时常导致客户对内容难以理解。图 3-2 是笔者的银行学员的朋友圈内容，我们来分析一下。

图 3-2 专业性和通俗性内容的对比

先看左图，“看涨自动赎回”和“1 个月敲出”这两句话，就连银行的一线营销人员都不一定能看明白，更不用说客户了。客户看不懂的内容就是无效的内容，客户不理解的沟通就是无效的沟通。再看右图，很直观，2020 年 11 月 4 日购买的这款产品目前收益 7216.7 元，收益率 7.22%。对于客户来说，这种方式更容易理解。

接下来以“降准”为例。降准是指央行降低存款准备金率。那么什么是存款准备金？降低存款准备金率有什么影响？对于客户来说，“降准”可能很难理解。换成通俗的表述是，央行决定于 2021 年 12 月 15 日下调金融机构存款准备金率 0.5 个百分点。

我们来通俗地理解存款准备金。小明每年都能拿到长辈给的压岁钱 200 元，小明的妈妈担心小明拿着压岁钱去乱花，因此每年会从 200 元里面扣下 50 元。把这 50 元当作存款准备金，那么存款准备金率就是 50/200=25%。

如果把存款准备金率从 25% 降到 15%，那么小明就只需要向妈妈上交 30 元，可以花的钱就多出了 20 元。这就是降准。回到金融行业，银行就相当于小明，央行相当于小明妈妈，央行下调银行的存款准备金率，银行就可以拿更多的钱去放贷款赚利息了。

（2）价值性

笔者梳理了 2022 年开门红期间（每年的 10 月份开始到次年的 2 月份）收到的银行营销人员发送的信息，大致如下。

“我们行现在开通了熊猫金币 40 周年纪念版预约通道，需要的话告诉我，我帮您预约。”

“有件比较着急的事跟您说，我行刚刚争取到了第二套人民币系列藏品的内部预约权，开放时间和数量都受限制，您把身份证后六位发我一下，我帮您预约看是否能抢到。”

“我们行刚开放熊猫币 40 周年精制金币的预约，是国家法定货币，发行量特别少，我这只有 2 个预约名额，要的话赶紧把身份证后六位发我，我帮你预约。”

“这是我们银行新推出的联名虎年大礼包，一套包含 1 个瑞兽貔貅钥匙链包挂件、1 块金砖、6 张精美 power 卡、6 个贺岁国潮礼包。官网售价 498 元，我行专属价 398 元，还有买十赠一的活动。我刚收到了实物，特别好看，特别大气，我行员工都留了几套，您看要不要抢几套？”

银行的数字化转型要以提升客户价值为核心。上述短信内容对客户来说是否有价值？答案是否定的。

对客户有价值的内容应当是能提升客户的金融专业素养，保护客户的金融资产安全，解决客户的痛点和需求的内容。

（3）合规性

合规性是金融业的数字化营销与非金融行业最大的差异。符合监管规定是底线、是红线，银行在开展数字化营销的过程中必须严格遵守各项法律法规。

（4）持续性

数字化营销是一个长期的过程，是持久战，不是突击战。营销人员要打造自己的 IP，只是隔三差五地随意更新一些内容是不行的，这样既不能吸引客户关注，也不会获得互联网平台的流量支持。笔者在开始探索数字化营销 3 个月之后才实现客户转化和业绩提升。读者在给自己定位的时候，要确保这个内容主题是自己最擅长的，自己能够坚持创作。

2. 内容形式

内容形式有图文和视频两种。对于支行网点的营销人员而言，图文形式更容易执行。很多银行一提到数字化营销，就想到拍视频。对于总行、分行而言，持续创作视频内容相对容易，但对于银行网点和个人而言，难度非常大。

创作一条视频的基本流程如下。

1）撰写脚本：脚本也就是拍摄视频所依据的底本。这些内容也可以作为图文创作的内容。

2）拍摄视频：这个环节需要有摄像机（或手机）、支架、灯光、提词器、话筒、隔音好的录影室等配套的各种道具和设施。

3）剪辑视频：拍摄过程中，如果拍摄的内容不能达到预期效果，就需要重拍，然后使用剪辑工具把不好的片断替换掉，再拼接成一条完整的视频作品。

4）搭配字幕：视频剪辑完成后，要根据视频内容搭配字幕，并且考虑字体、颜色的选择。

5）配音配乐：根据视频的内容，搭配合适的音效及背景音乐。

拍摄视频的人力成本和硬件成本先不讨论，单从时间上看，要完成一条30秒的视频，从头到尾至少需要2个小时，除非安排专门的团队来执行，否则个人要抽出2个小时的时间去创作视频，难度可想而知。

两年来，笔者没有时间拍视频，但仅通过图文形式实现的引流和转化就足以支撑业绩指标。

3. 内容主题

笔者结合客户提出的问题，梳理了六类内容主题供读者参考。

（1）存款类

- 存款利息怎么计算？
- 存款产品众多，应该如何选择？
- 什么是Ⅱ类账户？用来存钱合适吗？

（2）理财类

- 什么是资管新规？
- 资管新规对我们的理财投资有什么影响？
- 什么是净值型理财？

- 手把手带你读懂理财产品说明书。
- 如何挑选一款适合自己的理财产品？
- 怎么搭配理财产品更合理？
- 每月工资应该怎么打理？（按工资水平分别输出）

（3）保险类

- 保险可信吗？
- 如何读懂保险合同？（不同类别解读，持续输出）
- 重疾、意外、医疗、年金险分别是什么？
- 如何避免保险理赔的坑？
- 年金险的收益是怎么计算的？
- 一文读懂分红险、万能险、投连险的区别。
- 如何挑选适合自己的保险？

（4）贷款类

- 抵押贷与信用贷有什么不同？
- 办贷款如何不被套路？
- 如何识别高利贷？
- 一文读懂等额本金和等额本息的区别。
- 贷款能否办下来受哪些因素影响？
- 提前还款划算吗？
- 找银行贷款需要具备哪些条件？

（5）信用卡类

- 如何最大化发挥信用卡的价值？

- 信用卡的信用额度、取现额度是怎么回事？
- 信用卡的免息期怎么计算？
- 怎么提高信用卡的额度？
- 信用卡积分有什么用？
- 手把手教你薅银行的“羊毛”。
- 如何获得信用卡的航空里程？
- 银行都有哪些福利？从哪里获取？
- 不同的银行卡能享受哪些不同的福利？

（6）基金类

- 一分钟读懂基金分类。
- 不同基金的风险收益特点。
- 什么是基金定投？
- 基金定投真的好吗？
- 微笑曲线是骗人的吗？
- 什么是左侧交易？它和右侧交易有什么区别？
- 每天工作忙不停，基金应该怎么卖？
- 有没有一种适合懒人的基金投资方式？
- 基金定投是按月定投好，还是按周定投好？

3.3.3 第三步：建立公域矩阵，持续吸引流量

酒好也怕巷子深。好的内容要通过流量平台持续输出，才能给客户和银行带来价值。通过流量平台的进行内容输出，首先要了解平台的用户画像，根据目标客户的年龄、性别、地域

等特点，选择适合自己的流量平台，持续输出专业内容。公域流量平台大致分为两类：一类是以抖音、快手为代表的短视频平台，另一类是以微博、小红书为代表的图文平台。

抖音和快手的平台粉丝价值以量取胜，强调的是曝光价值；微博和小红书的平台粉丝有效互动多，黏性价值高，强调的是“种草”价值。

无论是曝光还是“种草”，都需要有持续增长的粉丝数作为基础。获取粉丝主要靠打造人设和持续创作高质量的专业内容。

笔者在探索数字化营销的过程中使用过很多流量平台，接下来把使用过的流量平台进行归纳整理，供读者参考。相关数据来源于互联网公开信息，具体信息和数据或有波动，但大体一致。

（1）用户数

按照用户数排名，截至 2022 年 1 月，微信以 10 亿用户居首位，抖音以超 8 亿用户位居第二，支付宝以近 8 亿用户位居第三，接下来依次是快手（6 亿用户）、微博（4.8 亿用户）、小红书（1.7 亿用户）、知乎（1.2 亿用户）。

（2）用户画像

- 抖音：男性用户略多于女性用户，年龄在 19 ～ 30 岁的用户占比超过 40%。从抖音用户的城市分布来看，三线城市用户占比第一，四线城市用户占比第二，新一线城市用户占比第三，二线城市用户占比第四，五线及以下城市用户占比第五，一线城市用户占比最低。

- 快手：男性用户略多于女性用户，25 岁以下用户占比超过 60%，26 ～ 35 岁用户占比近 30%。二线城市用户占比近 30%，三线城市用户占比近 25%，四线城市用户占比 23% 左右，五线及以下城市用户占比 15% 左右，一线城市用户占比最低，仅为 6.3%。消费偏好方面，大众品牌占比超过 85%，接下来依次为时尚品牌、高端品牌、奢侈品牌。
- 微博：女性用户多于男性用户，90 后和 00 后用户占比接近 80%，用户分布以京津冀、长三角、闽三角、珠三角和川渝地区为主。
- 小红书：以女性用户为主，占比超过 70%，90 后用户占比超过 70%。以 Z 世代（Generation Z，指 1995—2009 年间出生的一代人）、新锐白领、都市潮人、单身贵族、精致妈妈、享乐一族为六大人群画像标签。中高等消费人群占比近 90%。用户集中在一、二线城市，用户数占比前十的地区依次为广东、上海、北京、浙江、江苏、四川、山东、福建、湖北、河南。
- 知乎：男性用户占比 67%，20 ～ 29 岁用户占比近 70%，用户集中在北京、上海、广州、深圳及其他沿海发达城市，学历以本科和硕士为主，身份以职场白领和大学生为主，职场人士收入较高。
- 支付宝：以 18 ～ 35 岁用户为主，用户主要分布于二至五线城市。

- 蚂蚁财富：金融垂直领域平台，以25～45岁用户为主，用户分布于一、二线城市，男性用户略多，收入及教育背景高于主流群体，对理财有一定见解，主观判断能力强。
- 东方财富：金融垂直领域平台，男性用户占比超过70%，31～40岁用户占比超过50%。
- 雪球：金融垂直领域平台，男性用户占比超过70%，31～35岁用户占比超过40%。

银行可根据目标客群的定位，选择合适的平台建立公域流量矩阵，持续输出专业内容，吸引公域用户流量。

（3）运营规则

在运营公域流量平台时，首先要了解平台的运营规则。平台的规则和机制具有相似性，下面以小红书为例进行介绍。

- 价值观：遵守法律法规，践行社会主义核心价值观，弘扬爱国主义、集体主义和社会主义，传播正确的历史观、民族观、国家观和文化观，弘扬中华民族优秀传统文化，弘扬社会公德、职业道德、家庭和个人美德，尊重公序良俗，弘扬科学精神，普及科学知识，提倡积极健康向上的时代风尚和生活方式。
- 法律法规：遵守基本准则，保护未成年人合法权益，抵制一切违法信息，抵制一切色情低俗内容。

- 交易及导流行为：禁止售卖高风险类内容，且不鼓励发布营销或导流的信息。
- 不当行为：不鼓励发布不友好、欺骗或危险行为的内容，禁止任何作弊信息及行为。
- 侵权行为：禁止一切侵犯他人合法权益的行为，如模仿冒充、抄袭搬运。

（4）推流机制

图文或视频作品发布之后，平台会根据内容分类智能推送给合适的人群。如果作品在初始曝光期获得较好点击率和互动率，则它会不断地被推送到更大的流量池中，被更多的用户看见。优质内容不仅会出现在相关搜索词结果的前列，经过一轮轮的曝光，还会获得被系统推荐给更多用户的机会。优质作品一般具有 3 个特点：一是能够击中用户的痛点，二是具有生活感或场景感，三是内容与特定群体特点结合。

例如，越来越多的客户开始关注基金投资，客户的痛点就是无法控制自己不追涨杀跌。结合客户的这个痛点，笔者在各大流量平台持续发布基金主题内容，给客户提供基金策略参考，帮助客户在合适的时机选择合适的基金，或者实现扭亏为盈。

公域平台是流量视角，主要价值是海量的曝光和即时转化。对于银行来说，只有信用卡和线上消费贷款等个别标准化的简单产品可以通过公域流量平台直接转化。

对于理财、基金、保险等复杂产品，银行不得通过非自营网络平台吸收存款，不得通过互联网平台宣传具体的理财产品。这类复杂产品不能通过公域平台直接转化，需要引流到私域流量平台，用银行自营网络平台实现业务转化。

3.3.4 数字化营销的过程管理

公域流量平台数字化营销的过程管理主要分为 4 个部分。

1. 内容输出形式

内容输出形式可分为图文和短视频，由员工灵活选择。

2. 内容输出频率

图文和短视频的创作周期不一样，输出频率也可以不一样。

（1）图文

- 1000 字以下的短文，建议日更（每日发布一条）。
- 深度研究的 1000 字以上的长文，建议不低于周更（每周发布一条）的频率。

（2）短视频

- 1 分钟以下的中、短视频，建议不低于每周更新两次。
- 1 分钟以上的中视频，建议不低于每周更新一次。

3. 内容交互数据

内容交互数据包括发布内容的阅读量、点赞量、收藏量与评论量，这些数据仅作参考，不考核。

4. 平台账户粉丝量

平台账户粉丝量 = 公域粉丝量 + 私域粉丝量。

3.4 本章小结

公域平台数字化营销突破了传统网点的地域限制和工作时间限制，解决了银行网点难以触达客户的痛点，提升了网点获客数量。

数字化营销是一场持久战，银行总行和分行管理部门应当让管理干部离客户更近一些，离员工更近一些，让管理办法更加适应客户和员工的变化。银行要重点加强一线员工的专业能力的提升，以应对客户的个性化金融需求。同时，调整过程管理机制，给网点足够的时间去转型换挡。

第 4 章 Chapter 4

数字化运营赋能存量客群激活

存量客群提升难、员工业绩提升难是银行营销条线的普遍问题。员工觉得业绩提升难是因为客户太少，来办业务的总是那几个客户。行长觉得存量客群提升难是因为员工太少，来不及逐个联系存量客户。

实际上，银行并不缺客户。2017 年下半年，笔者入职某股份制银行分行零售银行部时，该分行的个人客户总数超过 110 万户，但其中无效户高达 66%。银行缺的是激活存量客群的运营方法。

新客户转化为存量客户的标志是开立账户，这个账户可以是Ⅰ类实体卡，可以是Ⅱ类、Ⅲ类电子账户，也可以是存折、存单。新客户只要在银行开了账户，客户信息就会进入银行的CRM系统。一旦进入CRM系统，新客户就变成了存量客户。

银行花大量的人力、物力、财力让客户开了户，如果客户在系统里面的存款不多，开户之后也没有营销人员进行维护，这无异于辛辛苦苦收回来了蔬菜，结果烂在了仓库里。

本章将结合银行的实际情况，讨论存量客群激活的解决方案。

4.1 银行存量客群运营现状

银行不缺客户，缺的是存量客群的有效运营方法。运营存量客户，要与客户建立联系，通过数字化的运营方式，弥补传统运营模式低效的弊端，提升存量客群的运营效率。

4.1.1 存量客户的触达

从四大国有银行披露的2021年个人客户数据来看，中国工商银行7.04亿户、中国建设银行7.26亿户、中国农业银行8.78亿户、中国银行6.21亿户。对各行网点数据进行平均计算，每个网点平均客户数分别为中国工商银行4.24万户、中国建设银行5万户、中国农业银行3.8万户、中国银行5.4万户。

每个网点通常只有 2 个理财经理，平均每人要经营的存量客户约 2 万户。面对 2 万个存量客户，不是理财经理不想维护，而是心有余而力不足。

在存量客户触达方面，银行网点主要有以下几种方式。

- 厅堂面访。
- 电话营销。
- 短信营销。
- 外出面访。

有的银行开始尝试数字化营销方式，认为全员使用企业微信营销就是数字化营销了，于是要求员工用企业微信去触达客户。为了强化客户触达，实现存量客户激活，银行一般会有两项考核要求。

- 电话营销：每天不低于 20 或 30 通电话外呼。
- 企业微信：每个月至少添加 300 个好友。

还是以四大国有银行为例，暂且不讨论有多少客户愿意接电话，有多少客户愿意通过银行员工的企业微信好友申请。人均 2 万个存量客户，每天 20 通电话，全打一遍需要 1000 天，即 2.73 年。每个月添加 300 个企业微信好友，需要 66 个月，即 5.5 年才能添加完。

上述方法无法有效激活存量客户，与其对应的过程管理也不具备时代意义。

4.1.2 存量客户的运营

按照传统经营模式，每名理财经理能够有效服务的客户人数在 200 人左右，按照每个网点常规配置 2 名理财经理来计算，网点能够有效服务的客户在 400 人左右。这个量不及网点存量客户的十分之一。

要实现存量客群的有效激活，需要运用私域流量平台进行持续耕耘。金融业务是低频的业务，完全可以通过社群化的方式实现批量运营，提高客户服务的效率，提高客户交互的覆盖率。

以微信社群运营为例，假设每名理财经理运营 2 个 500 人的客户群，与传统经营模式相比，每个网点能够有效覆盖的客户数将提升 5 倍，达 2000 人。进一步，如果要提升存量客群的经营数量，银行也不必增加人员编制，增加理财经理运营的客户社群数量即可。

基于此，银行陆续启动社群运营。然而理想很丰满，现实很骨感。社群是建起来了，也有 200 个客户在里面，但是始终没法带来业绩提升。原因在于银行的数字化营销具备行业特殊性，零售消费品门店的社群运营经验并不适合银行。

笔者进入一位学员建立的微信群，入群的时候，群成员数量已经达到 212 人。笔者与学员交流的时候得知，这个群是做信用卡活动时建立的，也有很多理财客户在里面，但是群里很少有互动，也没有带来业绩。

社群之所以不能带来业绩，主要原因在于几个方面。

1. 管理运营方面

- 这个群是网点要求建的，平时也主要是理财经理在群里发内容，理财经理觉得是负担。
- 群里面有多个理财经理，如果有业绩产出，也不好进行业绩认定，理财经理的运营积极性会打折扣。

2. 客户入群方面

- 群里的客户大多数是理财经理为了应付考核，硬生生拉进来凑数的。
- 有的银行在培训机构的指挥下，以抽取手机等福利活动把客户拉进群，第一天 200 人进群，活动结束后，群里只剩下 50 人。

3. 内容运营方面

- 理财经理每天早上机械性地在群里发早安问候。
- 遇到下达产品销售任务的时候，直接把产品广告转发到群里。
- 每天在群里转发一些没什么价值的金融资讯。

4. 价值创造方面

- 群里的内容对客户没有价值，客户不退群就不错了，难有业绩产出。
- 由于没有业绩产出，对理财经理和银行也没有价值，维护社群只是浪费时间和精力而已。

4.2 激活存量客群的流程

笔者与学员交流的时候了解到，已经有很多银行意识到社群运营的重要性，并且开始实践。但是，大部分银行在社群启动阶段就走偏了，认为把社群建起来，拉两百个客户到群里面，平时让理财经理问候客户早安、午安，再发一些产品广告就可以把社群运营起来。

结果通常是要么客户不愿进群，要么进来之后留不住，平时群里也主要是理财经理在发言，客户之间几乎没有交互。

究其原因：一是客户经理与客户的交互不够，双方不够了解，建立的社群没有触及客户的需求；二是客户经理没有在客户心目中树立专业的形象，客户没能成为客户经理的粉丝；三是社群没有一个垂直的主题，进群的客户相互不认识，也没有共同的话题；四是建立的社群不能解决客户的需求，不能给客户带来价值。

要想让社群成为一个有价值、有业绩产出的社群，需要走好以下五步。

4.2.1 第一步：与客户添加微信

如何让客户主动添加我们的微信？这是激活存量客户要解决的首要问题。

以笔者为例，与客户相互添加微信时，笔者会选择基金作为内容切入点。这是因为笔者长期在银行工作，考取了证券（投顾）、基金、期货、保险等专业资格，在投资市场也算是有些心得。

笔者在流量平台上持续输出基金交易策略，目的有两个：一是帮助大家找到交易机会，获得基金收益；二是帮助大家防范交易风险，避免追涨杀跌。

笔者由于持续输出有价值的基金专业内容，在公域流量平台上获得的粉丝量迅速超过 2 万。这 2 万个粉丝就是运用数字化营销工具和方式获取的。

2020 年 1 月起，全国人民减少了外出，在家的时间充裕起来，不少客户开始学习理财投资。恰好这个时候，半导体行业指数从 2019 年 1 月的最低点涨到 2020 年 2 月的最高点，涨幅高达 195.35%。半导体行业的基金瞬间成为互联网基金代销平台上的热门基金，成为广大基民热情追逐的对象。

很多新基民缺乏基金方面的专业知识，没有交易策略，往往是看着别人买什么就跟着买什么。笔者判断半导体行业指数可能迎来一波下跌，于是某日在公域流量平台上提示粉丝可以卖出，不要再追高了。结果还是有大量的基民在这个时候追高上车，买在了当时阶段性行情的顶部位置。接下来的一个月，半导体行业回撤幅度超过 30%，给新入场的基民一个当头棒喝。这一波回撤，不少新基民的账户浮亏超过 20%。

笔者持续发布的基金策略受到了许多基民的认可，他们纷纷成为笔者平台账户的粉丝，并主动要求添加微信。不到一年的时间内，笔者新增微信好友超过 6000 人。

想要添加客户微信，需要从银行视角转向客户视角，要在了解客户痛点和需求的基础上持续输出有价值的内容。内容是核心，坚持是关键。

我们需要选择一个平台触达客户，选择什么平台并不重要，重要的是内容。这个内容既可以是聚焦垂直领域的专业内容，也可以是基于自己的专业视角对实时热点发表的个人见解。

只要内容对客户是有用的，客户认为营销人员能带来专业价值，那么让客户添加微信就不难。

4.2.2 第二步：让客户主动入群

为了让新入场的基民不要当“韭菜”，不要盲目“割肉”，在粉丝的建议下，笔者建立了一个基金主题的微信群，通过持续进行基金知识科普和心理疏导，并且传授自己验证多年的交易逻辑，帮助粉丝提高收益。

建群之后，笔者就面临着如何运营社群的问题。微信社群大致可以分为 4 个类别。一是垃圾群，特点是充斥着广告或者无效信息。二是死亡群，除了群主之外没有人说话，成员相互之间也没有交流。三是鸡肋群，偶尔会有一些有价值的内容，但大部分内容是无价值的。四是价值群，群里经常讨论大家感兴趣的话题，很热闹，群成员之间能相互成为朋友。

想要避免所建的群沦为垃圾群、死亡群或鸡肋群，在建群之前，需要明确几个问题。

- 群成员是如何入群的？是银行去拉客户，还是客户主动申请入群？
- 这个群能给客户带来什么价值？
- 这个群有群规吗？群规得到了严格执行吗？
- 这个群是否有持续、符合群主题的内容输出？
- 群成员相互之间是否有互动？
- 群成员是否能通过社群享受到相应主题的服务？

在社群运营环节，首先强调的是进群的方式，一定不要去拉客户进群，而是要让客户主动申请入群。

为什么要让客户主动入群？因为每个群都应该有一个主题，如果这个主题与客户的兴趣和需求不匹配，就说明这个群对客户而言是没有价值的，即使我们勉强把客户拉了进来，也留不住他。

如何验证群的主题与客户的兴趣和需求是否匹配？只需把群主题呈现在客户面前，如果客户愿意主动扫码入群，就表明这个群和客户的兴趣和需求匹配了，这个群对于客户来说是有价值的。这个群才有机会成为一个价值群。

以组建基金主题群为例，笔者自建社群时主要采取如下措施。

首先，撰写一小段文字，告诉客户这个群的主题是什么，平时这个群里会交流什么内容，客户入群之后能享受到什么服务，群对客户有什么价值。需要注意的是，这一小段文字一定要真诚，要简单，不要让这段文字变成广告。

以某银行学员为例，他最初拟定的朋友圈引流文字如下。

“跟投网红基金，别人赚得盆满钵满你却在赔钱？学别人基金抄底却总是抄在半山腰？是时候花点时间正经学投资了，学习如何选择适合自己的基金。不花钱就能学投资，哪有这种好事？这个群里就有！”

这条话术不够真诚，应当以简洁、直白的方式呈现。修改后的文字如下。

“我建了一个基金群，帮助大家关注行情走势，欢迎基友们入群交流。”

接下来，让客户主动加入。文字写好后，附上群二维码的截图，发到朋友圈，让添加微信的客户看到后主动扫码入群。客户感受到我们的真诚，知道这件事是对自己有价值、有吸引力的，就会主动申请进群。

笔者建群主要以基金为主题进行交流，建群的目的是给购买基金的客户建立一个交流平台，同时运用自身十余年的银行工作经历，给金融专业知识相对薄弱的客户提供一些基金知识和交易策略参考。

最后，笔者把群主题相关的内容发布到流量平台，粉丝知道后，纷纷申请入群。截至 2022 年 4 月，笔者共建立基金主题微信群 20 个，群内人数近 7000 人。

如果银行网点的每一位理财经理都能运营这个数量的群，那么存量客户的运营效能和业绩产能将实现非常可观的增长。

4.2.3　第三步：制定群规则

理财经理作为社群管理者，需要维持良好的群氛围。良好的群氛围需要合理的引导和规范，每个群都应当设置一个明确的群规，并以群公告的形式向群成员公布。只有事先明确群规，并严格执行，形成大家相互监督的氛围，才能为建设价值型社群奠定基础，才能避免群成为垃圾群、死亡群或鸡肋群。

一个完整的群规需要包括以下四方面。

- 社群定位：让群成员知道这个群是做什么的。
- 社群交互：帮助群成员相互了解，提高交互，可以统一群名片格式。
- 社群内容：让群成员知道，这个群会持续分享和交流什么主题内容，群成员能获得哪些服务和价值。
- 禁止行为：让群成员知道哪些行为是禁止的。

有新成员进群的时候，笔者都会给他发群公告，公告内容大致如下。

“大家好！欢迎大家来到本群。

建群的初衷是让2月底买在山顶上的人不要放弃，心态不要崩，不要轻易‘割肉’，还有一群小伙伴与你在一起。我会带着大家一步步扭亏为盈。

平时开盘的时候，大家交流心得，收盘后，话题也可以切换到其他内容。

大家可以把自己的群名字改为昵称–行业–城市，交流之余可以进行工作和学习方面的探讨。希望大家多多交流，相互帮助，共同成长，关键是共同吃肉肉！

我在银行工作十多年了，大家如果有贷款（房贷、消费贷）、理财（公募、私募、权益、固收）、保险、存款（定期、活期）、信用卡、结售汇、支付结算汇款等方面的问题，也可以咨询我。

请大家共同维持良好的群氛围，不要乱发广告链接，也不要发表不当言论。

大家如果发现有上述行为，直接微信告诉我，我马上踢掉。”

4.2.4 第四步：社群的运营裂变

在社群的人数越来越多之后，要实现良性运营，主要不是靠管理，而是靠价值驱动。如果群成员都认为这个群有价值，大家会自发地维护这个群。

笔者的群成员来自全国各地，都有一个共同的话题：基金。群里会持续发布主题相关的内容，笔者每天会通过微信公众号发布两篇基金主题的文章：下午两点左右，根据当天走势拟订策略；晚上十点左右，对当天各板块进行交易复盘，制订后期的交易计划。另外，通过这个群，群成员可以获得线上开户、基金、保险、理财、信用卡、第三方存管等金融服务。

互联网行业有一个考核标准：停留时间。用户在产品中停留的时间越长，说明产品对他的价值越高、用户黏性越强，也就越有可能经常使用。用户在某个网站或某个 App 内的停留时间，被认为是衡量用户黏性及贡献的重要依据。

作为银行分支机构，限于资源，我们不能通过开发网站、App 或小程序来增加客户的停留时间，但是可以通过微信社群的方式来实现。

社群的核心是人，社群的意义是解决人的需求。由于每个人的情况不一样，需求也多种多样，因此单一主题群是难以满足所有人的需求的。为了满足不同成员的需求，笔者在基金主题群的基础上，又建立了 38 个生活兴趣主题群。

- 建立了两个助力砍价群，满足成员助力砍价的需求。
- 建立了两个二手闲置群，满足成员的二手闲置交易的需求。
- 建立了萌宠、旅游交流群，满足群成员兴趣方面的交流需求。
- 建立了护肤美妆、减肥健身和穿搭交流群，满足群成员生活方面的交流需求。

- 建立了相亲、备婚、孕妈宝妈群，满足不同成长阶段的交流需求。
- 建立了教师、公务员、行政、会计、程序员、服装店、餐饮等行业交流群，满足群成员行业交流的需求。
- 建立了保险咨询、法律咨询群，满足群成员在保险法务方面的交流需求。
- 建立了北京、成都、广州、江苏、山东、上海、深圳、浙江等地区求职群，满足群成员的招聘求职需求。

当下，银行主要以资产为客户分层的标准，即 600 万元以上为私人银行，50 万元以上为 VIP 客户，5 万元以上为中端客户，1 万元以上为有效客户。这是银行站在自己的角度，在已获取数据范围内的分层，并不利于对存量客户的挖掘和提升。银行需要站在客户的角度，从金融和非金融属性两方面对客户进行画像，结合客户画像的特点，为客户提供与客户需求相匹配的金融服务。

根据客户特点和需求建立兴趣群、职业群，不仅能提升客户的停留时间，还能够解决银行存量客户分层分群经营的问题。

4.2.5 第五步：社群的业绩产出

有了持久的价值驱动，也有了多样化的社群互动，意味着这个群正在向价值群转变。

根据笔者的实践总结，金融机构要实现纯线上销售，必须借助微信生态工具，即通过企业微信、个人微信、微信公众号、微信视频号和微信群等工具，与客户持续交互、长时间沟通来进行 KYC、风险测评、流程指导、风险揭示和答疑解惑。

下面以某日销售的某基金公司一年期定开基金为例。

首先，作为混合型基金，本身就有亏损本金的风险，由于基金群里都是对基金有一定了解的成员，该基金的风险等级符合群成员的风险承受能力。其次，该基金具有一年封闭期，其间不能赎回，除了亏损本金的风险还存在着流动性风险。为此，笔者撰写了一篇微信公众号文章，文章开头并不是介绍基金产品、基金经理和基金公司，而是先揭示基金的风险。文章以标红加粗的方式提示注意事项："注意，这只鸡（基金）不是谁都适合买的！"接下来对适合的情形和不适合的情形进行了详细描述。

公众号文章写好之后，笔者在 16 个基金群里群发，感兴趣的群成员就主动发微信来详细咨询。这个时候，笔者再次向客户进行风险提示："一定要用你的闲钱购买，因为一年以内无法交易，无法赎回。"

上述社群建设运营策略，银行可以直接复制，并实现业绩产出。

下面以笔者的某个银行学员为例。

上课之前，该学员有一个客户群，是做信用卡活动的时候建立的，里面有很多理财客户，只是几乎没有产出，平常互动也很少。为了帮助该学员做社群运营，笔者受邀进入这个客户群，此时群人数已达 212 人。超过 200 人的群，却不能给银行带来业绩，其实就是一个鸡肋群。

课后，笔者让学员放弃了这个鸡肋群，从 0 开始重新建了一个基金主题群。坚持每天分享基金早盘、午评和复盘推文，为客户提供持仓基金检视，引导客户理性选择基金，不盲目追求网红基金，并做好长期投资规划。3 天时间，群人数达到 50 人。仅仅 50 人的群，就给学员带来了 3 笔基金销售。

在这个过程中，该学员没有打电话，也没有约客户到网点，直接在线上完成了基金营销。当群里实现第二笔销售的时候，笔者还专门向该学员询问这两笔销售是否真实，得到了肯定的答复。

虽然这 3 个客户买得不多，但是该学员实现了数字化营销模式从 0 到 1 的突破。试想一下，现在群只有 50 人，如果发展到 5000 人的时候，将给他带来多少业绩？如果一家银行，培养出 100 位这样的理财经理，将激活多少存量客户？这将给银行带来不少的产能提升。

4.3 商业银行激活存量客群的执行方案

本节介绍一个经过实践检验的存量客群激活方案。

4.3.1　项目计划

培训只能解决思维上的问题，而训练能够解决落地执行的问题。从理念的转变到具体执行，银行需要对员工进行持续的专业训练。但是，银行的各项考核指标不会等待员工具备专业水平后才下达。在员工专业能力还未达到要求的时候，中后台要为员工进行持续赋能，帮助员工达成业绩考核指标。下面以大课培训 +5 天现场辅导 +1 个月持续赋能的项目计划为例，内容如下。

1. 大课培训参考课题（不限人数）

课题一：《数字时代基金销售及售后管理策略与实训》

课题二：《数字时代理财经理数字化营销策略与实训》

2. 5 天现场辅导（辅导人数：每期上限 50 人）

为期 5 天的现场辅导详情如下。

（1）第一天：存量客群标签化

工作要求为分行要掌握客观真实的数据，同时，如果前期开户的时候没有添加客户微信，这个阶段的添加难度会很大。所以，这个动作对理财经理只鼓励、不处罚，避免员工抵触、弄虚作假，影响数据的真实性。

工作内容如下。

- 为理财经理下发《理财经理存量客户信息及行内资产情况》。
- 理财经理逐个将存量客户添加为微信好友。
- 添加后，根据客户持有产品的信息打上相应的标签，并向客户发送第一条微信（之前已添加微信的不发）。若客户有回复，结合客户的持仓情况顺势与客户交谈；若客户无回复，就保持静默。
- 理财经理在微信群内报送存量客户微信好友添加人数（要求数据真实）。
- 报送数据维度包括存量管户总人数、当日发送好友申请人数、成功添加好友人数。
- 如果当日未完成好友申请全覆盖，次日继续。同步开启第二天的新任务。

辅导支持内容如下。

- 添加好友申请的文案。
- 第一条微信的文案。
- 与客户交谈的内容支持。

（2）第二天：创建第一个金融主题群（基金）

工作要求如下。

- 该群由理财经理一人全权管理，进群客户均为该理财经理负责的客户。

- 理财经理须经过客户同意后邀请客户进群。
- 理财经理要把该群置顶，并为社群维护工作设置较高的优先级（低于厅堂客户服务，高于电话营销），对于群成员提出的问题，要在第一时间回复。
- 理财经理不得在群内发布产品广告、千篇一律的早报等信息去骚扰客户。
- 群成员不得在群内发布产品广告、无关链接、不当言论、违规图片和视频。对于第一次违规的客户，理财经理在群内要求该客户撤回信息，并警告；对于第二次违规的客户，直接踢出群，并截图告知群内其他成员。

工作内容如下。

- 生成群二维码。
- 设置群名。
- 完成群公告。
- 发布第一条引流朋友圈。
- 组织群成员交流互动。
- 采集群内交流信息，发布第二条引流朋友圈。
- 注册个人订阅号（命名要求：不得带有所在银行字眼）。

辅导支持内容如下。

- 指导生成群二维码。
- 提供两条引流朋友圈的素材。
- 群成员基金方面问题的回应。

- 提供个人订阅号基金行情分析内容支持。

（3）第三天和第四天

继续进行第二天的工作。若存量客户管户数量大，则继续进行第一天的工作。帮助理财经理形成数字化运营的工作习惯，确保辅导结束后理财经理能够独立持续经营社群。

（4）第五天：创建第一个非金融主题群

工作要求如下。

- 在前期与客户沟通的过程中，了解客户兴趣，询问客户是否需要建立兴趣群。
- 在朋友圈发布群二维码，引导客户进入兴趣群。
- 在客户中选择群管理员 1 ～ 3 名，给予其管理权限。
- 实现客户自发管理机制。

辅导支持内容如下。

- 指导理财经理如何与客户沟通。
- 提供兴趣主题群运营参考。
- 指导理财经理发朋友圈。
- 指导理财经理筛选存量商户，并洽谈合作。对于未办理代发的商户，邀请其开户，并签约代发工资业务。

3. 1 个月持续赋能

- 全程在线为学员解答专业问题。

- 帮助学员落地社群运营。
- 帮助学员应对客户异议。
- 结合分行重点产品，为学员提供营销策略，帮助学员实现复杂产品（基金）的业绩产出。
- 针对基金销售情况，为学员持续提供售后策略及素材，帮助学员在客户心目中树立专业形象，用专业的服务留住客户。

4.3.2　总体目标及实施细节

1. 总体目标

- 把存量客群从 CRM 系统搬到微信社群，转化为理财经理的私域流量。
- 解决存量客群不到网点、不接电话的问题。
- 解决传统营销方式低效的问题，实现存量客群的批量管理和经营。
- 通过内容运营逐步树立理财经理在存量客群心目中的专业形象。
- 为存量客户解决投资理财方面的痛点，留存客户资金，挖掘客户潜力。
- 通过兴趣群裂变，整合网点周边商户资源，优化存量客户用卡环境，构建商圈生态。
- 金融主题群 + 非金融主题群相结合，实现客户分层分群经营。
- 通过持续的金融专业内容和客群主题匹配的活动，实现客户留存和客群裂变。

- 通过话题引导，实现存量客群的产品销售，提升存量客群产品持有数和资产规模。

2. 数据准备

（1）《理财经理存量客群管户一览表》

表头：理财经理姓名、归属网点、管户客户数、管户资产规模（分产品）。

（2）《存量客户持有基金规模数据表》

表头：基金名称、存量客户持有总人数、存量客户持有总规模、存量客群平均盈亏比例。（按基金规模从大到小排序）

（3）《存量客户持有浮亏状态的理财产品数据表》

表头：产品名称、浮亏比例、存量客户持有人数、存量客户持有规模。

（4）《理财经理管户存量客户信息及行内资产情况明细表》

表头：客户姓名、客户手机号码、客户分层标识（私行、VIP、普通）、存款时点余额、理财持仓金额、非货币基金持仓金额。

3. 管理支持

项目辅导期间，对于重点辅导的理财经理，分行和支行要给予必要的管理倾斜和资源支持。

- 网点尽量不分配厅堂事务性工作，如厅堂秩序维护、厅堂客户服务。
- 不纳入分行服务办（或消保办）的远程监控抽查，如长时间在工位，长时间操作手机。
- 不纳入网点的过程管理，如电话营销、网点晨夕会及班后的其他业务培训会。
- 分行和网点不得通报参与项目理财经理的电话外呼情况。

4. 理财经理选拔标准

- 理财经理主动报名。
- 理财经理个人微信好友数超过 1000 人。
- 理财经理有在数字化流量平台，如微博、公众号、小红书、知乎等上创作的经历。

4.3.3　课程部分

1. 课题一：《数字时代基金销售及售后管理策略与实训》

第一讲：只讲话术不讲逻辑，你卖基金虚不虚？

- 为何要参加这次训练课程？
- 基金的目标客户在哪里？
- 厅堂没人，电话不接，该用什么方式联系客户？
- 与客户聊什么内容？话术还是逻辑？
- 如何在重点基金池中选出合适的基金？
- 基金刚卖就亏，如何做好基金售后？
- 基金，到底是包袱还是获客利器？

第二讲：基金刚卖就亏，到底是哪里出了问题？

- 投资品种概览及风险特点。
- 卖基金，到底卖的是什么？
- 为什么要建立交易逻辑？
- 什么是健康的投资心态？
- 如何看懂行情之基本面分析。
- 如何看懂行情之技术面分析。
- 技术分析常用工具解读。

第三讲：新基金，当真是买彩票吗？

- 如何挑选基金？
- 新基没有持仓，如何分析其投资逻辑？
- 如何拆解新基结构？
- 如何制订新基策略？
- 如何揭示新基风险？
- 技术分析知识点的应用。

第四讲：开放式权益类基金，背两页话术就敢卖？

- 基金的类别与风险。
- 基金的持仓与净值。
- 重点持仓板块分析。
- 制定基金交易策略。
- 技术分析知识点的应用。

第五讲：债券型基金为什么是稳稳的幸福？

- 债券基金持仓结构分析。
- 债券基金持仓标的分析。
- 制定债券基金营销策略。

2. 课题二：《数字时代理财经理数字化营销策略与实训》

（1）银行零售客户维护现状与思考

第一讲：营销的时代发展。

- “营销 1.0”以产品为中心，一家“产品收益高，贷款利率低”的银行。
- “营销 2.0”以客户为导向，一家“有温度”的银行。
- “营销 3.0”以价值观驱动，一家“价值观一致”的银行。
- “营销 4.0”以数字化（大数据、社群等）为基础，一家与客户“高效交互”的银行。

第二讲：零售银行理财经理面临的难题。

- CRM 系统的客户就是老客吗？
- 客群结构：倒金字塔型与橄榄型。
- 传统营销方式剖析：厅堂、电话、短信、社区、沙龙、外拓。

第三讲：为什么互联网行业数字化营销，银行无法抄作业？

- 监管维度：银行线上营销的监管合规要求。

- 客户维度：重新认识数字时代的财富客户。
- 合规维度：银行线上营销要遵守的合规底线。
- 专业维度：银行线上营销的核心是专业为王。

第四讲：数字化营销的成果。

- 数字资产。
- 业绩转化。

（2）客户经理 IP 打造及私域流量建设运营实训

第一讲：客户经理打造私域流量的业务逻辑。

- 公域→私域→运营→转化。
- 私域流量的呈现形式。
- 银行现有私域流量盘点。

第二讲：银行私域流量与其他行业的四大差异。

- 客群的匹配性。
- 产品的特殊性。
- 内容的合规性。
- 流程的复杂性。

第三讲：银行自建私域流量的注意事项。

- 选对平台。
- 选对主题。
- 内容合规。

- 强化交互。
- 流程便捷。

第四讲：从 0 开始打造银行的私域流量。

1）明确人设定位。
2）持续内容输出。
3）公域矩阵建设。
4）私域社群运营。

（3）银行使用企业微信的困境及解决方案

第一讲：银行使用企业微信的误区。

- 员工只要电话外呼数量够，就能增加客户。
- 员工可以没有专业能力，只要话术背得好就可以激活存量客户。
- 员工按要求转发朋友圈就能激活存量客户。
- 只要“薅羊毛”活动搞得好，就可以激活存量客户。
- 企业微信建好群，拉二百人进群就可以批量激活存量客户。
- 学快消品行业，用好企业微信直播功能就可以激活存量客户。

第二讲：银行使用企业微信的困境。

- 企业微信好友添加阶段。先外呼后添加，要么客户不接电话，要么话术没说完就被挂断。即使客户在电话中同意添加微信，多数在挂断后不会添加。网点到店客户越来越少，理财经理难以通过厅堂营销添加企业微信好友。

- 企业微信客户画像标签。资产等级、产品持仓仅是客户在本行的数据，不能反映客户的真实情况。分群分类是作为资产分层的补充，但银行没有客户的非金融画像标签。
- 企业微信客户沟通方式。理财经理通过群发助手批量维护客户，每群发一次消息，就会被一批客户拉黑。建立了企业微信群，除了理财经理转发活动广告，无人说话，更无业绩产出。
- 企业微信客户沟通内容。理财经理在朋友圈转发无差异化的早报和活动广告，无法吸引客户。一旦发布“薅羊毛”活动或产品广告，客户不予理会甚至直接拉黑理财经理。用企业微信搞直播，观看人数少，来观看的客户也只是为了领礼品。

第三讲：如何利用企业微信为银行存量客群经营创造价值。

- 重新认识微信生态工具。
- 认识企业微信的优劣势。
- 企业微信好友上量的前提。
- 利用企业微信与客户进行有效沟通的关键因素是共同话题。
- 了解企业微信社群建设与运营的方法。

第四讲：售后型企业微信群的运营机制。

- 售后型企业微信群的主题参考及运营目标。

- 售后型企业微信群的管理角色定位。
- 客户进群的方式。
- 售后型企业微信群的内容规划。

第五讲：营销型企业微信群的运营机制。

- 营销型企业微信群的运营目标。
- 营销型企业微信群的管理角色定位。
- 客户进群的方式。
- 营销型企业微信群的内容规划。

（4）如何利用数字化工具搭建网点商圈客群经营生态（以建行生活 App 为例）第一讲：建行生活的政策契机及总体目标。

- 建行生活的政策价值。
- 建行生活的总体策略。
- 建行生活的推广思路。
- 建行生活的运营目标。

第二讲：建行生活对网点营销的价值。

- 形成与银行同业竞争的差异化优势。
- 形成与微信支付、支付宝竞争的差异化优势。
- 形成与美团点评竞争的差异化优势。

第三讲：如何使用建行生活打造商圈生态。

- 商圈生态建设的核心是流量。

- 商圈生态建设的五大步骤。

第四讲：强化细化运营职责，实现促活拉新（分行运营管理团队）。

- 内容运营（含活动运营）。

分工：图文组、短视频组。

职责：内容创作、平台运营、粉丝互动、私域引流。

- 社群运营（用户运营）。

分工：商户社群组、客户社群组。

职责：客服答疑、商户裂变、客户裂变、金融社群引流。

- 流量运营（为平台引流）。

分工：商户引流组、社区引流、大 V 引流。

职责：商户的线上与线下流量互换，培养自有 KOL/KOC，与外部 KOL/KOC 的流量互换。

- 渠道运营（渠道建设引流）。

分工：场景拓展、渠道拓展。

职责：场景建设、商户引入、KOL/KOC 的筛选及引入。

- 合规运营。

分工：对内、对外。

职责：法律法规、行业监管合规、银行内部合规。

4.3.4 方案执行

第一步，公域流量平台内容创作（金融内容 + 非金融内容）。

理财经理的专长各不不同。在金融方面：有的理财经理对基金研究得很深入，有的理财经理对保险研究得很透彻。在非金融方面：有的理财经理对美食有心得，可以做美食博主；有的理财经理对美妆有研究，可以做美妆博主；有的理财经理对游戏竞技很在行，可以做游戏博主。

在公域流量平台进行内容创作的时候，理财经理可以根据自己的优势和特长，持续创作专业的内容，达到吸引公域流量的目的。

第二步，构建私域流量，将新客、老客引入私域流量。

构建私域流量的时候，有以下方面需要注意。

- 不能主动拉客户进群。
- 不要发布对客户无价值的信息去骚扰客户。
- 要持续发布与私域社群主题一致的内容为客户创造价值。

第三步，持续经营私域平台，实现裂变和业绩转化。

运营私域平台的目的是实现客户的自然裂变和业绩转化。客户如果认为这个社群有价值，就可能主动邀约自己的亲朋好友入群，进而实现私域流量裂变。

理财经理通过持续运营社群，在客户心目中树立起专业形象后，客户有金融业务需求的时候，会主动找过来，促成业绩转化。

4.4 本章小结

银行正在进入存量竞争时代，大量的存量客户是银行亟待发掘的“金矿”。银行其实不缺客户，缺的是有效激活存量客群的方法，以及触达中青年客群并与其交互的方式。在客户不到网点、不接电话的数字时代，传统营销方式难以实现存量客群的有效触达，难以实现存量客群的高效运营。存量客群的运营，需要用好社群工具，实现存量客户的分群分类运营。

第 5 章将介绍数字化赋能线下场景营销，这同样需要社群工具来承载客群经营。

第 5 章 Chapter 5

数字化赋能线下场景营销

银行网点周边的 3 ～ 5 公里是其进行线下经营的重要战场。客户的生活和工作场景一般分为以下 3 种。

- 居住场景：对应的是社区及其下辖的小区和楼盘。
- 工作场景：对应的是产业园区、写字楼。
- 消费场景：对应的是商场、商户。

银行选择网点位置时，大多基于上述场景进行考量。

如今，银行的传统营销方式已经不能满足时代的发展需要，不能适应客户行为习惯的变化，也不契合员工的职业发展愿景，对于银行业绩增长而言成效甚微。

本章针对上述场景，结合笔者在网点经营过程中的实际案例，为银行网点线下营销提供一些思路和参考。

5.1 数字化赋能社区营销

传统的社区营销方式有 3 个弊端，一是难以触达中青年客户，二是营销效率低，三是不符合员工的职业发展愿景。为此，银行需要运用数字化思维和工具，对社区营销进行赋能，为客户创造价值。

5.1.1 社区营销的现状

银行网点普遍采取的社区营销方式主要有以下两种。

一是网点安排员工在各小区门口设点摆摊，给进进出出的小区居民发送传单，邀请居民参加一些福利活动，目的是留下居民的联系方式，回银行后开展电话营销。

二是与社区管理机构合作，银行网点既出钱又出力，积极参加社区组织的活动，社区允许银行员工在活动上宣传银行的产品，同时给居民发传单。

有的银行在上述营销工作的现场会带上移动发卡设备，通过开卡送礼的活动，吸引居民现场办理银行卡。有的银行还会安排员工进入小区，在居民家门上插广告单页，有的居民会直接打电话到银行投诉："你们这样不就让小偷知道家里没有人了吗？"客户的投诉很有道理，但是不发传单怎么营销呢？

笔者的学员说过这样一件事：银行安排理财经理挨家挨户地敲门，发一种银行自制的刮刮乐卡片，中奖率 100%，有开户奖、理财奖，客户凭着刮刮乐卡片到网点办理业务就可以领取小礼品。笔者问道："每天会有多少客户拿着刮刮乐卡片来网点开卡？"学员回答："目前还没有。"理财经理每周入户 2 天，每天平均敲门 100 户，开门的有 10 户，留下信息的有 4 户。

我们复盘一下这种营销工作的成果：敲门 100 户，有 10 户开门，开门率 10%；开门后，4 户留下信息，信息留存率 4%。客户留下信息，并不代表他就一定会去银行开户；即使到银行开了户，如果账户里面的存款不多，平时的客户维护也覆盖不到。如果交流不多，客户对银行的了解不够，更不会把他行资金转移到该行。综上，这样的营销方式对业绩提升没有多少帮助，很难持续。

对于传统的营销方式，单从执行的角度来看，需要做好两项前置工作：一是与物业的协调，二是与社区管理机构的协调。如果协调得顺利，网点支付一些活动费用即可；如果协调得不顺利，可能都无法进社区。

假设上述活动能够开展，对银行的业绩贡献也并不理想。以笔者所在银行为例，2013 ～ 2015 年，分行个人金融部要求常规开展进社区活动，网点每个月至少安排两次走进社区的营销活动。

从执行效果来看，网点在带上移动发卡机的情况下，一天办卡数量很难超过 10 张，并且开卡之后，能存钱进来的客户更是寥寥无几。开卡后，如果客户在行内资产达不到中高端客户的标准，就只能在客户管理系统里面长期沉寂，无法带来价值。

从员工感受来看，银行的招聘门槛很高，能够入职银行的都是基本素质过硬的优秀人才。以柜员为例，招聘条件普遍是“年龄 35 周岁以下，金融、经济或财务类专业全日制本科及以上学历。”对理财经理还要求“熟悉保险、外汇、证券、基金、信托等产品特点，具备 AFP（Associate Financial Planner，金融理财师）或 CFP（Certified Financial Planner，国际金融理财师）等资格证书优先。”

对于通过层层选拔进入银行的年轻员工而言，他们希望在银行学到扎实的金融专业技能，并运用专业知识为客户创造价值，进而获得成就感和职业自豪感。进入银行后，每天做的却是扫楼扫街发传单、背话术打电话这类事情，员工的心理落差不言而喻，这也是银行留不住年轻员工，人才断层的直接原因之一。

笔者跟随网点行长去菜市场和小区门口摆摊发传单的时候，心里就非常抵触。后来笔者做网点行长的时候，坚决不让员工去做这样的事情，一定要让网点员工有尊严地从事银行工作，有价值地开展营销。笔者在与另一位行长交流的时候，他也提到“我不会让我的理财经理出去发传单，他们就应该衣着光鲜地坐在办公室里，让客户觉得，应该把钱给这样的人打理。”

社区营销的基本原则就是创造价值，在为社区和居民创造价值的同时，为银行带来价值。解决痛点和满足需求的过程，就是创造价值的过程。在开展社区营销之前，银行网点首先要与社区管理机构、物业和居民沟通，了解各自的需求和痛点，然后思考如何运用银行的产品和资源，以价值创造为导向，开展社区营销工作。比如，为解决社区居民生活缴费不便的问题，银行金融科技部门与社区物业搭建收费项目管理平台，为社区居民开通水电费物业费代收代缴业务，在方便居民缴费的同时，为社区、物业和银行创造价值。

5.1.2　子女教育赋能社区营销

社区营销归根结底是对社区每一个家庭的营销。家庭的关注点都在孩子身上。很多银行尝试通过孩子对家庭进行营销。有的银行把网点改造为儿童主题；有的银行与教育机构合作，开展针对小朋友的活动，吸引家长带孩子来参加活动，再说服家长办卡。

传统的小小银行家活动是把小朋友邀请到网点，带着小朋友参观银行大堂环境和智能化设备，带着小朋友点钞、识别假币，然后做一些游戏。在一次互联网交流会上，一位做互联网旅游业务的创业者分享道：“中产阶级消费升级，已经由以前的物质需求转变为精神需求，旅游行业也正在从传统的走马观花转型为深度体验。”受此观点的启发，笔者把传统的小小银行家活动改造为深度体验式活动，让小朋友在银行当一天的大堂经理，完全按照银行的要求开展一天的工作。

1. 招募报名阶段

活动采用线上报名的形式，仅接受家庭主动报名，招募公告及体验日程安排如图 5-1 所示。

图 5-1 “小小银行家”活动的招募公告

招募信息一经发布，在网上快速传播，活动于 2018 年 8 月 7 日中午 12 点发布，不到 24 小时名额报满，两天时间，招募信息阅读量近 500 人，报名人数比原计划 15 人超出 7 人，共计 22 人报名，相当于 22 个家庭报名。

2. 工作体验阶段

（1）参加晨会

晨会上，首先由小朋友进行自我介绍，包括姓名、年龄、就读学校、爱好和特长等。然后由银行的工作人员为小朋友颁发工作证，同时宣布如下工作纪律。

- 不得在网点追逐打闹。
- 不得大声喧哗。
- 不得吃客户休息区的糖果。
- 不得随意离开岗位。
- 保持标准站姿。

（2）大堂经理岗前培训

晨会后，由网点的大堂经理带领小朋友做岗前培训，对站姿和指引姿势进行训练。

（3）履行岗位职责

小朋友主要安排在正门或排号机位置，第一时间迎接到达网点的客户，同时做好服务引导和衔接。

- 客户进门要第一时间迎接，并致欢迎语“欢迎光临，请问您想办理什么业务？”
- 引导客户在排号机排号。
- 引导客户在等候区休息。
- 及时为正在办理业务和等待中的客户送水。

（4）财商教育

活动期间，每天下午对小朋友进行财商教育，分为以下三部分内容。

- 由大堂经理带领小朋友在网点公众教育区学习识别假币和金融诈骗的知识。
- 由柜员带领小朋友学习点钞，体验结束之后，给每个小朋友发练功券，小朋友回家后可以继续练习。
- 由理财经理带领小朋友学习标准普尔家庭资产象限图，并结合银行存款、理财、保险、基金、贵金属等金融产品的特点，为小朋友讲解四象限的资产配置，培养小朋友的理财意识和储蓄习惯。

（5）参加夕会

每天下午的夕会上，让小朋友分享当天的工作心得。小朋友的工作基本上是按照银行大堂经理的岗位规范来要求的，体验过程非常辛苦，在分享的时候，他们的心得大致如下。

“今天的工作太累了，我终于体会到了爸爸妈妈工作的辛苦，终于体会到了挣钱的不容易，我一定要好好学习，今后报答父母……”

会后，大堂经理、理财经理与小朋友们合影留念。

3. 活动传播阶段

（1）视频纪念

小朋友从晨会、工作、学习到夕会的全程表现都用视频记录下来。活动结束当天，将视频剪辑制作为 3 ～ 5 分钟的短视频，并发送到家长微信群，供家长观看。大部分家长会自发转发朋友圈。

（2）相框纪念

将小朋友与银行工作人员的合影制作成相框，送给孩子家长。

（3）证书纪念

给每一位完成体验活动的小朋友颁发纪念证书。

4. 活动成效

（1）孩子的成长

通过这项活动，小朋友们体验了不一样的经历，有的小朋友回家写了一篇日记，如图 5-2 所示。这正是监管机构对银行公众教育的要求，也是银行履行社会责任的表现。

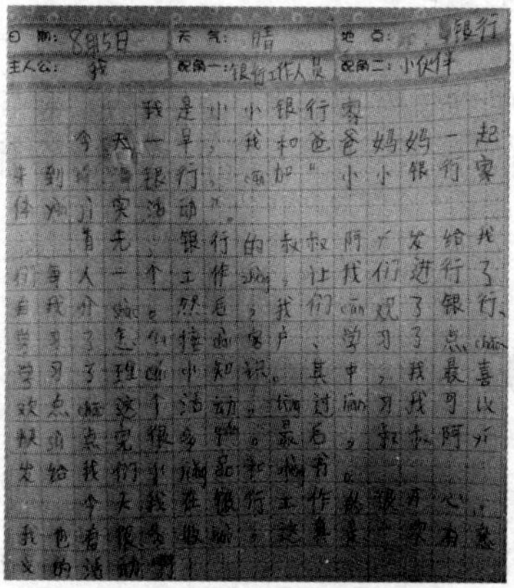
日期：8月5日　天气：晴　地点：银行
主人公：我　配角一：银行工作人员　配角二：小伙伴
我是小小银行家

图 5-2　小朋友体验活动后回家写的日记

（2）银行业绩的提升

很多家长看到孩子在分享心得时提到“终于体会到了爸爸妈

妈挣钱不容易”，非常感动，纷纷向银行表示感谢。很多家长自发到网点开户，出于对银行的认可，把存款、理财资金相继转移到了“孩子工作过的银行”，使银行业绩得到提升。

（3）银行品牌知名度和影响力的提升

家长们通过朋友圈转发小朋友们参加活动的照片和视频，提升了银行的品牌知名度和影响力。

（4）监管部门的认可和媒体的报道

为表彰小小银行家活动产生的社会价值和行业价值，当地银监局在 2017 年第 2 期的消费者权益保护主题刊物上登载活动报道，活动也得到了多家社会媒体的报道。

（5）与央企的合作

小小银行家活动的价值和影响力得到了某央企员工活动部门的注意，顺利达成了银行与该央企的战略合作。

5.2 数字化赋能公私联动营销

公私联动，一是要做好对公企业的零售业务转化，二是要做好零售客户的对公业务转化。企业的办公地点主要集中在产业园区，公私联动要紧紧围绕当地的产业特色、产业政策，为产业园区的企业提供对公加零售的综合金融服务。银行想要做好产业园区营销，可以从园区的核心产业入手。

5.2.1 产业园区营销的核心：公私联动

中信保诚人寿与胡润百富联合发布的《2021 中国高净值人群家族安全报告》中提到，高净值人群中，企业主占比约 60%。

企业主的金融需求是综合性的，包括个人、家庭和企业。银行需要针对企业主个人、家庭和企业提供涵盖对公和零售的综合性金融解决方案。

客户的需求倒逼着银行服务从单一条线服务转型为公私联动的综合服务。公私联动有利于银行为客户提供一站式金融服务，提升客户体验，同时也有利于客户为银行创造综合价值。公私联动最直接的业务体现是，企业客户在银行开立对公账户，办理对公存款、贷款、结算等对公业务；企业主及企业员工在银行同步开立个人账户，办理存款、贷款、投资理财等个人金融业务；企业主及其管理层成为银行高净值客户，企业员工成为银行的代发工资客户。

鉴于公私联动对客户、银行的双重价值，银行相继提出"代发年"的年度计划，希望分行和支行公司条线、零售条线实现跨部门协同，为客户提供一站式对公、零售综合金融服务。

5.2.2 公私联动的现状

对于在银行有授信的对公客户而言，公私联动的落地效果较好；对于银行网点大量的非授信对公客户而言，公私联动尚有较大的提升空间。

对于授信客户，有相应的对公客户经理进行维护，在贷前、贷中、贷后都有高频率的交互和联系。由于贷款业务对银行而言有成为不良贷款的风险，为了加强对企业经营状况的动态监控，降低银行信贷风险，提升资产质量，银行会要求企业将其作为主要结算银行，把企业的代发工资业务等个人金融业务转移到该行。综上，授信对公客户公私联动的深度和广度明显优于非授信对公客户。

银行网点大量的非授信对公客户在公私联动方面存在诸多问题。

1. 存量对公客户

（1）公司条线

对公客户经理的工作时间主要被授信客户占据，例如：授信客户的营销，授信报告的撰写，授信企业的贷款申报、审批；贷款发放之后，15 天内完成贷款用途监控报告；每季度、每半年完成企业贷后现场查访；完成定期贷后监控报告等。对于形成逾期和不良的贷款，还需要想尽一切办法持续催收，直至收回逾期贷款本息。

对于已经在网点开户的大量非授信对公客户，对公客户经理维护起来也是心有余而力不足。

（2）零售条线

对于零售条线而言，复杂、繁重、多样的零售条线考核指标和过程管理指标，已经让理财经理身心俱疲，完成零售条线本身的指标就已经很艰难了，根本无暇营销和维护零售高净值客户背后的企业和网点的大量非授信对公客户。更何况，如果理财经理对企业经营和对公条线业务产品不熟悉，也就无法与客户沟通对公业务话题，难以开拓对公客户的零售业务。

（3）会计营运条线

会计营运条线接触企业客户的频率高于营销条线，因此对企业客户会更加了解。从企业客户到柜台递交开户资料起，就产生了多次沟通机会。

例如，基本户开户许可证下发后，对公柜员或会计主管会通知企业客户过来领取。企业客户在办理结算业务时，对公柜员会电话联系客户进行复核。每季度末，会计营运条线会电话通知企业客户按时完成电子对账操作。对于反洗钱系统识别出的风险线索，会计营运条线还会联系企业客户进行核实。

对于会计营运条线而言，柜面事务性工作繁重，内控工作是核心，对于存量对公客户业务的挖掘，同样是心有余而力不足。

2. 对公新客户

网点对公客户的来源首先是公司条线拓展的大客户和授信客户，其次是自然到店的对公开户客户。

- 大客户和授信客户主要是银行领导的资源，大部分对公客户经理缺乏独立获取优质客户的能力。

- 对于自然到店的对公开户客户，会计条线视其为负担，零售条线视其为鸡肋，对公条线更是无暇顾及。

5.2.3 公私联动的优化思路及操作流程

1. 获取对公新客

（1）优化对公开户流程及客户体验

在开户环节做好与企业负责人的沟通，了解企业的主营业务、办公地点、员工人数、未来发展规划等内容，并与客户约定开户之后为企业员工办理工资卡的时间。

（2）解决会计营运条线的顾虑

差错退件、电子对账是会计营运条线最大的顾虑。需要在获客源头做好风险把控，在开户环节做好开户资料质量控制，在开户后做好持续的沟通与维护。通过与厅堂岗位的协同，降低开户资料的差错率，提升电子对账的通知效率。

（3）开拓渠道实现对公客户批量获客

根据网点所在区域的特点，结合产业政策做好目标客群的定位，开拓对公客户获客渠道，实现批量获取对公客户，通过对公开户带动代发工资等零售业务，达成公私联动的工作目标。

2. 存量对公客户经营

- 对于大量的存量对公客户，先从售后的角度与企业沟通，然后引入数字化社群实现批量维护，加强客户沟通，同时打消会计营运条线关于企业电子对账的顾虑。

- 存量对公客户的二次营销数量庞大，单靠对公行长和零售行长是实现不了的，还需要网点大堂经理、零售理财经理和会计营运条线的员工来协同。
- 制定切实可行的公私联动激励办法，提升理财经理的对公业务能力，加强理财经理对银行网点存量企业客户的营销效果，加强理财经理对企业主和企业员工的零售业务挖掘，提高理财经理对高净值客户背后企业的对公业务挖掘意识和能力。
- 为新客、老客提供更多的附加价值，用差异化价值形成网点的差异化竞争优势。

5.2.4　公私联动实践案例

1. 网点状况

2015 年 4 月，笔者接手了一家开业不到两年的低产网点，网点对公加零售业务总存款不足 3000 万元，每天排号不足 40 个。客户数方面：对公客户仅有 24 户，其中基本户 11 户，一般户 13 户，且仅有 5 户是有交易流水的；个人客户总数仅有 592 户。

该网点自成立以来，由于附近有主干道下穿隧道长期打围施工，区域环境混乱，交通不便，客户体验受到严重影响，网点的业务发展非常不顺，业绩增长乏力，员工士气低落。

此外，网点距离主城区较远，并且在主城区已有多家银行，难以挖掘主城区客户。网点要想取得发展，必须克服地理位置的诸多不利因素，另辟蹊径，探索新的业务增长点，同时提高品牌知名度，鼓舞员工士气，提升团队战斗力。

由于网点是零售网点，不考核对公业务，也没有对公授信权限，因此传统的以资产业务带动负债业务的发展模式在该网点并不适用。同时，成熟的企业都有稳定的合作银行，在银行产品和业务效率均不占优势的情况下，作为一家二级支行，该网点的营销难度大，合作关系难以深入。

2. 明确方向

随着国家“互联网＋”行动计划和“大众创业 万众创新”的大力推行，互联网企业较容易获得风投资本的青睐，企业获得融资后，将带来对公存款沉淀。经初步估算，3 ～ 5 家初创企业拿到 A 轮融资后，网点对公存款就可上亿。由于网点距离当地软件园区较近，笔者随即对网点业务进行了重新定位，明确把网点定位为“互联网＋”专营支行，聚焦为 TMT（Telecommunications、Media、Technology，电信、媒体、科技）行业提供便捷优质的金融服务，解决创客刚需。同时，创新经营模式，以互联网思维优化业务流程，提升客户体验，开展跨界合作。

虽然网点不考核对公业务，但是如果不进行对公客户营销，不开展公私联动，网点零售指标也无法完成。因此，笔者明确了通过对公业务带动零售业务的网点经营方向。

3. 公司业务方面

抓源头，抓渠道，实现对公批量获客。先后与入驻当地的创投机构、创业孵化机构达成战略合作，共同为 TMT 企业提供金融结算业务支持，在赢得品牌效应的同时取得创投机构资金托管以及被投企业的项目资金。半年时间内清退 5 户无效对公账户，新开对公账户 56 户，其中基本户 46 户，一般户 10 户。开户后，随即开展“企业行”活动，其间累计提供金融服务 17 次，新增代发工资户 611 户。

4. 零售业务方面

由于支行客群基础薄弱，在零售业务上，快速提升客户数量是首要工作。通过对公开户、代发工资、渠道业务（代扣天然气费、代扣广电收视费等）交叉联动，以及券商、期货、保险等金融机构和互联网行业非金融机构的跨界资源合作，实现了零售客户数量大幅提升。

半年时间内，网点个人客户数增长 153%，VIP 客户数增长 68.75%，中端客户数增长 65.71%，有效客户数增长 56.71%。由于代发企业和代发工资客户数的大幅提升，带动人民币储蓄全口径低成本负债较年初增长 91%。

5. 营销准备方面

“知己知彼，百战不殆。”网点在开展代发工资企业营销前，先对当地银行同业的对公、零售业务的费用进行市场调研。笔者与网点会计主管、综合柜员、个金客户经理等员工一起出动，利用休息时间，每人负责 2 家银行的业务类目及费用调查。一周后，制作完成了银行同业公、私业务费用市场调查表。

了解竞争对手的情况后，接下来需要重新梳理业务流程，解决银行内部的问题和顾虑。业务笔数与会计差错数往往成正比，对公开户越多，面临的业务差错风险越大。笔者在网点工作时发现，对公开户形成差错的主要原因如下。

- 上传影像资料不全，缺凭证。
- 开户信息补充表要素不全，如地区代码、上门核实日期、单位财务人员姓名、单位经办人员证件不合法、账号被遮挡等。
- 开户申请书要素不全，如缺少地区代码、电话号码等。
- 上传影像资料字迹不清。

对公开户业务出现差错后，会对会计主管和经办柜员进行扣分处理，影响会计营运条线的考核结果。

为了尽可能降低业务差错，重点解决客户填写开户资料字迹不清和开户资料不齐的问题，笔者与会计主管一起梳理了开户业务受理流程。

1）企业客户申请开立对公账户时，企业法人或授权经办人到对公柜台，由柜员对客户的身份进行核实。

2）确认开户类型后，柜台告知厅堂理财经理或大堂经理复印营业执照、法人身份证和经办人身份证，基本户复印 3 份，一般户复印 2 份。

3）手工录入《开户信息及开户资料核对表》的第一部分：客户信息。为了确保所有开户资料信息填写的准确性、一致性，笔者设计了《开户信息及开户资料核对表》，表格分为两部分。

第一部分为客户信息，包括企业名称、营业执照编号（统一社会代码）、企业注册地址、企业实际经营地址、法人身份及联系信息、财务人员身份及联系信息、经办人身份及联系信息。

第二部分为开户资料清单，按照对公柜台的工作标准罗列开户资料清单和注意事项，确保厅堂团队准备开户资料的完整性。

4）复核《开户信息及开户资料核对表》中客户信息的准确性。使用针式打印机打印开户资料，解决开户资料字迹不清的问题。

5）所有开户资料打印完毕后，交给企业客户核对信息。核对无误后，企业客户在开户资料对应的位置加盖公章、财务章和法人章。该步骤完成后，客户即可离开。

6）厅堂团队人员按照《开户信息及开户资料核对表》中第二部分资料清单的顺序，逐项核对齐备后，交接给对公柜台办理开户业务，确保开户资料的完整性。

经过以上流程之后，会计营运条线的对公开户业务差错率大幅降低，打消了会计营运条线对于业务差错的顾虑。

站在客户的视角，他的体验流程如下。

1）进入银行，告诉银行工作人员自己要开户。

2）来到柜台，将营业执照及相关人员身份证原件递交柜台核实。

3）来到网点行长办公室，与网点行长交流。

4）40 分钟之后，拿到网点工作人员准备好的开户资料，核对资料信息，确认无误后在资料上盖章。

5）加入网点对公企业微信售后服务群并离开网点。

整个过程，不需要客户手工填写大量开户单据，只需要 40 分钟的等待时间，其间还能与网点行长直接交流。客户在笔者网点的开户体验与在其他银行网点的开户体验差异明显。

对于银行而言，了解你的客户，切实加强开户管理，履行客户的身份识别义务，是银行网点反洗钱工作的基本要求。网点行长在与对公客户沟通 40 分钟，正是在开户环节了解客户的最好方式。

这样的业务流程，不仅有助于加强银行与客户相互的了解，还为零售业务的转化奠定了基础。例如，笔者在与对公企业交流的时间里，会了解企业的主营业务、主要产品、市场情况、员工情况以及企业未来的发展规划，同时，笔者也向企业介绍银行面向企业发展过程中需要的账户类、存款类、理财类、贷款类所提供的业务。在沟通的最后，还将与企业约定上门为企业员工办理工资卡的具体时间。

通过这样的流程，在网点厅堂员工和柜台员工的高效协同下，笔者所在网点在 2016 年完成了 179 个对公企业开户，拉动代发工资个人客户增长近 2000 户。

6. 数字化社群赋能企业客户的售后服务

由于对企业网银业务较陌生，企业在开户后，面临着不知道如何激活网银证书、如何向他行转账、如何进行电子对账等问题。

新开对公企业数量较大，一对一为企业客户解答账户使用问题将占用网点大量的时间，每一轮的电子对账也是一个大难题。

为了提高服务效率，解决客户和网点的难题，笔者所在网点建立了企业交流群，凡是在网点递交开户资料的客户，都会在开户当天进入微信群。这个微信群将给企业客户带来如下价值。

（1）及时获取开户进度

群内有网点行长、理财经理、大堂经理、对公柜员、会计主管，企业的开户进度将及时通过微信群告知企业，节省柜台逐个电话通知的时间，提高了银行与客户的沟通效果和沟通效率。

（2）及时获取业务办理指南

企业客户在遇到账户使用方面的问题时，可以通过交流群及时询问网点员工，或是与其他企业客户交流。由于微信群无法上传群文件，每位客户询问的时候都需要单独发一次操作指南，因此笔者又重新建了一个 QQ 群，把常用的账户资料上传到群文件，便于企业客户随时查阅。

（3）与其他企业进行业务交流

为了进一步形成网点对公客户服务的差异化标签，网点利用企业交流群为对公客户搭建了一个业务交流平台，组织线上、线下的跨界交流活动，为客户创造差异化价值，从而留住客户，并以此获得更多的企业客户。

5.3 数字化赋能商圈营销

零售业务的发展离不开客户，要实现获客离不开银行卡，银行卡的功能和用卡环境将直接影响发卡量。

搭建商圈生态有利于加强银行与商户的合作关系，有利于优化持卡人的用卡环境，有利于银行实现商圈生态商户与客户的裂变。银行要做好商圈营销，需要让自己成为一家与商户、客户共赢的银行。

5.3.1 商圈营销的三大挑战

当下，银行要搭建商圈生态，面临着三大挑战。

1. 如何与银行同业竞争

与银行同业竞争，需要找到自己的差异化价值。如果像别的银行一样向商户强调刷卡、二维码收单手续费优惠，除非有价格优势，否则无法赢得客户。

商户最关心的是自己的生意，如何让更多的消费者到店里消费。与自己的主业相比，刷卡手续费的优惠并不那么重要。如果银行能够为商户引流，即使刷卡手续费没有优惠，商户也会选择它。

2. 如何与第三方支付平台竞争

根据艾瑞发布的《2020 Q2 中国第三方支付市场数据报告》，支付宝和微信的市场占有率分别达到 55.6%、38.8%，成为国内占有率最高的两家第三方支付平台。银行要想夺回收单商户，就不得不与支付宝、微信等第三方支付平台竞争。

支付宝和微信收取商户提现金额的千分之一作为提现手续费，而银行的收单业务绑定的是银行账户，客户刷卡消费后，账款直接进入银行账户，不存在提现的问题，因此不需要额外承担提现的手续费成本。这一天然优势便是银行与第三方支付平台竞争的突破口。

3. 如何与互联网团购平台竞争

以当下市场份额较大的互联网团购平台——美团为例。2022 年 3 月 25 日，美团发布 2021 年第四季度及全年业绩，佣金收入655.26亿元，占比为67.19%。用户和商户方面，截至2021年12月31日，美团交易用户数6.9亿，较上年同期增长35.2%，活跃商家数量880万户，较上年同期增长29%。

从公开披露的数据可以看出美团对于商户的价值。美团运用接近7亿的交易用户流量，为880万个商户引流，与商户的分润佣金成为美团的核心收入来源，占比达67.19%。

而银行在为商户导流的情况下，还不收取商户的佣金，这就是银行与互联网团购平台竞争的差异化优势。

以建行生活为例，在这个App中，关于商户入驻建行生活平台的优势中有如下描述。

建行生活平台免收设备费、佣金、服务费，结算手续费低，且能通过我行庞大的C端用户群体为商家导流，为商户开源节流。同时，我行能为商家提供丰富的信贷产品，解决资金周转困难的问题。

中国建设银行公开披露的2021年报显示，截至2021年底，建行生活累计注册用户数突破3400万，月活跃用户数超1500万，日活跃用户数超210万，入驻商户门店数15万。

从国有四大行披露的2021年个人客户数来看，中国工商银行7.04亿、中国建设银行7.26亿、中国农业银行8.78亿、中国银行6.21亿。基于如此量级的个人客户数，银行深耕商圈生态大有可为。而商圈生态深度耕耘的关键就是私域流量的建设、转化和运营。

5.3.2　商圈生态运营的核心：构建私域流量

私域流量是指由个体自己拥有，在使用的时候无须付费，可以反复利用，并且能够直接触达用户的流量。银行拥有大量的客户，要把存量客户变为私域流量，可以把 CRM 系统中的客户转移到微信生态中，也可以将他们转变为微信公众号、视频号的粉丝。

银行构建商圈私域流量的步骤和团队分工如下。

1. 第一步：建设流量矩阵

流量矩阵包括微信公众号、视频号、微信（企业微信）群。

2. 第二步：完善流量矩阵

- 账号角色：KOL、KOC。
- 账号名称：KOL 要求全网同名，KOC 可以随意起名。
- 账号简介：撰写一句话简介。
- 账号定位：生活类。

3. 第三步：持续内容输出

- 内容主题：KOL 种草探店 +KOC 拔草探店。
- 内容类别：图文 + 短视频。

- 探店排期：根据商户与银行网点合作的紧密程度，安排探店频率和新媒体发布位置。

4. 第四步：私域流量运营

（1）线上商户运营

- 整体流程：存量收单商户→添加微信→本地商圈生态合作群→内容持续投放→吸引新商户加入实现裂变。
- 流程介绍：网点首先梳理存量收单商户信息，与商户负责人沟通异业合作意向。对于有意愿合作的商户，相互添加微信，建立本地商圈生态合作群，把有意愿合作的商户拉入群内。

在微信群内，银行与商户沟通内容创作思路，与商户协调时间，去商户门店采集视频和图文素材，为每家商户创作探店引流的图文或视频内容。内容创作好后，用银行自己的视频号或公众号发布，并同步转发至本地商圈生态合作群，鼓励商户同步转发。

商户同步转发后，银行创作的内容可以借助商户的通道触达商户的客户群。帮助银行提升品牌影响力，扩大内容的触达范围，进而获取更多的客户和粉丝。同时，对于看到银行内容的新商户，也会产生银商合作的吸引力。

（2）客户运营

- 整体流程：个人客户→私域流量平台→本地生活福利群

→本地商户福利内容投放→吸引新客户加入并实现裂变。

- 流程介绍：银行通过私域流量平台工具持续发布本地商户活动福利，吸引本地客户进入生活福利群。客户进群后，银行要与商户互动、发起更多更丰富的优惠活动，发送到客户福利群内，告知客户如何获取商户优惠。当客户觉得这个群有价值后，会自发地邀请自己的家人和朋友加入，进而实现社群裂变。

5. 数字化商圈生态建设团队分工

持续做好商圈运营，需要配备专业的运营团队。团队分工及工作职责如下。

（1）图文组

- 负责商圈图文内容规划。
- 负责收集商户端、客户端素材并创作图文内容。
- 负责图文类流量平台的内容输出和粉丝运营。
- 负责与粉丝互动，并引流到微信（企业微信）社群中。

（2）短视频组

- 负责商圈短视频内容规划。
- 负责创作短视频脚本，要求站在商户端、客户端、KOL、KOC 等不同的角度进行创作。
- 负责视频拍摄、剪辑、发表工作。
- 负责与粉丝互动，并引流到微信（企业微信）社群中。

（3）社群运营组

- 负责建立商户社群和客户社群。
- 负责开展两个主题社群的运营，提高商户黏性、客户黏性。
- 负责存款、理财、收单、基金、保险等其他零售业务的引流与转化。

5.3.3 商圈生态运营和推广流程

1. 线下运营

- 商户运营：银行网点要按月召开商户座谈会，倾听商户反馈，加强银商合作。银行网点要成为合作商户存、贷、收单等业务的主要结算银行，同时，为普惠金融业务的合作奠定基础。
- 客户运营：银行可尝试推行商圈运营体验官招募计划，即以客户主动报名的形式，在客户中选拔商圈运营体验官，并设置配套的激励政策。体验官要对合作商户进行服务流程和产品的质检，对于有待提升的地方，要提出改善方案或优化建议。

2. 线下地推分工及职责

（1）商户拓展组

- 负责网点存量收单商户的触达和沟通，洽谈合作事宜。
- 负责按月组织召开商户座谈会。
- 负责与社群运营人员进行线上和线下的业务协同。

（2）客户拓展组

- 社区（园区）地推组负责与社区（园区）管委会沟通合作事宜，开展社区层面的地推工作。
- 公交、地铁地推组负责客流量大的区域地推工作。
- 高校地推组负责高校区域的地推工作。
- 单位食堂地推组负责公私联动，开展企业客户的地推工作。
- 合作商户流动驻点组负责在已合作商户中选择客流量大的商户，现场驻点推广。

5.4 本章小结

进入数字时代，银行想要的客户不来网点，想联系的客户不接电话。银行想要通过线下的方式对新客户进行营销，激活存量客户，这需要构建线下客群经营的场景生态，而构建线下场景生态离不开客户的衣食住行。因此，银行需要由产品思维转变为平台思维，主动构建园区、社区和商圈三大场景生态，通过内容运营、市场活动运营和金融产品运营，借助数字化营销和运营工具，实现线下场景的新客获取和存量客户激活，进而达成业绩指标。

Chapter 6 第 6 章

数字时代银行产品的销售策略

2022 年，资管新规正式施行，随着 A 股市场的回调，银行代销的公募基金净值大幅回撤，代销的净值型理财产品有超过 2000 只破净。银行营销人员每天面对大量亏损客户的抱怨和投诉，无论是客户还是员工，都承受着巨大的心理压力。

究其原因，主要包括营销能力和专业能力两个方面。

营销能力方面，第 1 ～ 5 章已经对银行线上新客获取、激活存量客群和线下场景营销方面进行了详细阐述。本章以基金为主，其他投资理财产品为辅，讨论营销人员专业能力在售前和售后环节中的关键作用和价值。

6.1　财富管理时代的变革

2019 年 10 月 24 日，中国证券监督管理委员会发布《关于做好公开募集证券投资基金投资顾问业务试点工作的通知》（以下简称《试点通知》），这标志着公募基金销售从以销量为导向的“卖方销售”时代，向以客户利益为导向的“买方投顾”时代转型，也标志着我国的财富管理正在开始时代变革。

截至 2021 年底，共有 50 家金融机构获批基金投顾试点，如表 6-1 所示。

表 6-1　获批基金投顾试点金融机构名单

金融机构类别	获批时间	金融机构名称
基金公司或旗下子公司	2019 年 10 月 24 日	易方达基金、南方基金、华夏财富（华夏基金旗下）、嘉实财富（嘉实基金旗下）、中欧财富（中欧基金旗下）
	2021 年 6 月 25 日	工银瑞信基金、招商基金、兴证全球基金、汇添富基金、博时基金、银华基金、广发基金、交银施罗德基金、华安基金
	2021 年 7 月 2 日	民生加银基金、华泰柏瑞基金、申万菱信基金、景顺长城基金、建信基金、富国基金、万家基金
第三方基金销售公司	2019 年 12 月 14 日	蚂蚁（杭州）基金（阿里巴巴旗下）、腾安基金（腾讯旗下）、盈米基金
券商	2020 年 3 月 2 日	华泰证券、国联证券、银河证券、国泰君安证券、中金公司、中信建投证券、申万宏源证券

（续）

金融机构类别	获批时间	金融机构名称
券商	2021 年 6 月 25 日	东方证券、中信证券、兴业证券、国信证券、安信证券、招商证券
	2021 年 7 月 2 日	中银证券、国金证券、光大证券、东方财富、平安证券、山西证券、中泰证券、东兴证券、南京证券、华安证券
银行	2020 年 3 月 2 日	中国工商银行、招商银行、平安银行

按照《试点通知》的规定，试点金融机构可以从事基金投资顾问业务，可以接受客户委托，根据协议约定的投资组合策略代客户作出具体基金投资品种、数量和买卖时机的决策，并代客户执行基金产品申购、赎回、转换等交易申请。代客户作出具体基金投资品种、数量和买卖时机的决策，要求金融机构具备择基能力、择时能力和把握行情的专业能力。

数字时代的转型，财富管理时代的变革，对金融机构从业人员提出了更高的要求。在新的时代，金融机构和理财经理要做好应对变革的准备，从管理维度、业务维度革新管理思维，强化专业能力。

6.2 专业能力培训的现状

提升专业能力的方式主要是参加专业能力培训。多年来，银行为提升员工掌握复杂产品的业务能力所开展的培训数不胜数。以基金为例，培训方式主要有两种。

- 银行与基金公司合作组织的基金产品路演培训。
- 银行组织的基金销售能力培训。

6.2.1　银行与基金公司合作组织的基金产品路演培训

银行要代销某只基金产品，通常会让基金公司或其理财子公司安排工作人员给银行的一线营销人员做产品路演培训，但路演的效果越来越差，原因主要在于以下几个方面。

- 基金产品路演培训的时间大多安排在下班后。理财经理辛苦了一天，还要接受基金公司的培训，参训员工本能地排斥，效果当然大打折扣。
- 基金产品路演培训的内容主要分为三部分：一是介绍基金公司的背景、规模和取得的成就，二是介绍基金经理的背景、工作经历、主要研究方向，三是介绍基金经理的历史业绩。这些内容既不能提升理财经理把握行情的专业能力，也不能提升理财经理获取基金目标客户的营销能力，理财经理当然没有意愿参加路演培训。
- 基金产品路演培训以营销话术为主，并没有分享具体的营销策略，例如基金重点持仓的是什么行业，基金重点持仓行业的行情走势，应该建议客户重仓购买还是轻仓参与，导致理财经理培训完还是不知道该建议客户什么时候买、买多少仓位、止盈目标在哪里。
- 基金产品销售之后，基金公司没有持续给银行提供售后支持，也没有针对重点基金向银行理财经理提供详细的售后策略，导致理财经理心里没底，因为不想独自面对基金净值回撤引起的客户投诉，所以不愿意主动销售基金。

6.2.2 银行组织的基金销售能力培训

为了在短时间内完成总行下达的基金指标，分行组织的培训多为话术培训，寄希望于理财经理准备好话术，给客户打电话，快速把产品卖出去。因此培训考核的是话术记忆和背诵能力，并不是对产品特点和行情的分析解读能力。

实际上，如果营销人员不具备分析能力，仅靠话术卖产品其实等同于凭运气卖产品。以基金为例，行情好的时候，客户赚钱，没有问题。但是行情不好的时候，既定的话术无法帮助客户锁定收益，降低回撤，致使客户对理财经理的专业能力产生质疑。

为客户配置基金时，理财经理需要为客户提供具体的交易建议。不同客户的风险承受能力不同，仓位安排不同，资金流动性安排也不同，固定的话术根本无法满足客户的个性化需求，无法针对客户的实际情况提出具体的基金交易策略、仓位计划及风险控制策略。

6.3 了解客户

了解客户是理财经理帮助客户做好资产配置的前提，本节介绍理财经理应该从哪些方面了解客户。

6.3.1 了解客户的风险承受能力

客户在购买理财产品之前，需要先做风险测评。风险测评不仅是银行判断客户风险承受能力的重要依据，也有助于客户了解自己的风险承受能力。

一般情况下，银行客户的风险承受能力主要分为 6 种类型。

1. 保守型

保守型客户的特点是，不愿意接受任何风险，因此投资回报很可能只略高于当时的利率，未必能够赶上物价上涨。

2. 稳健型

稳健型客户的特点是，能够接受低程度的投资风险，来换取中期超过银行存款的回报潜力，以达到资金保值的目的。

3. 平衡型

平衡型客户的特点是，能够接受一定程度的投资风险，来换取中长期超过银行存款的回报潜力，以达到资金保值目的，但投资可能导致本金损失。

4. 增长型

增长型客户的特点是，能够接受高程度的投资风险及波幅，来换取远高于物价上涨的回报潜力，但投资可能导致本金有较大幅度的损失。

5. 进取型

进取型客户的特点是，能够接受非常高程度的投资风险，来换取非常高的回报潜力，但投资可能导致本金完全损失。

6. 激进型

激进型客户的特点是，能够接受程度最高的投资风险，来换取极高的回报潜力，但投资可能导致本金完全损失。

6.3.2 了解客户的资金流动性安排

简单来说，资金流动性就是客户在需要使用资金的时候，资金能否立即使用。例如，活期存款的流动性最强，活期存款账户中的资金随时可以用于转账或支付。

按照产品的运作模式，金融产品主要分为两类。

- 开放式产品：可以随时进行买入（申购）和卖出（赎回）操作。
- 封闭式产品：买入封闭式产品后，只能在到期日或开放日才能进行卖出（赎回）操作，其间不能进行交易。

开放式产品的资金流动性优于封闭式产品。假如一款产品的封闭期为 2022 年 5 月 12 日至 2023 年 5 月 17 日，那么就不能将它推荐给在此期间要使用资金的客户。

为了解决封闭式产品资金流动性不足的问题，有的理财产品支持本行质押贷款，即用该理财产品做质押，客户可以按照理财产品持仓金额的一定比例向银行申请贷款。支持质押贷款的产品会在理财产品说明书中作如下表述："本产品可用于为向某银行分支机构申请贷款提供质押担保。"

6.3.3　了解客户的仓位结构

要达到财富管理的目标，理财经理需要对客户的仓位结构进行规划和管理，要根据客户的风险承受能力和市场行情，对客户的持仓类别和仓位进行动态管理。

例如，在 A 股市场下跌的过程中，要降低客户权益资产的占比。对银行而言，就要是降低客户股票型、混合型（偏股）基金的占比。同时，提高低风险资产的占比，比如提高活期存款、定期存款、货币型基金、债券型基金、混合型（偏债）基金和净值型理财的占比。

6.4　了解产品

资管新规正式施行后，非保本型产品的净值波动成为常态，金融产品的多样性、结构的复杂性也对理财经理应具备的专业能力提出了更高的要求。

6.4.1　银行存款

为建立和规范存款保险制度，依法保护存款人的合法权益，及时防范和化解金融风险，维护金融稳定，国务院于 2015 年 2 月 17 日发布了《存款保险条例》（国务院令第 660 号），以下简称《条例》。《条例》自 2015 年 5 月 1 日起施行。

《条例》规定，存款保险实行限额偿付，最高偿付限额为人民币 50 万元。同一存款人在同一家投保机构所有被保险存款账户的存款本金和利息合并计算的资金数额在最高偿付限额以内的，实行全额偿付；超出最高偿付限额的部分，依法从投保机构清算财产中受偿。

从存款保险的覆盖范围看，受存款保险保护的存款既包括人民币存款，也包括外币存款；既包括个人储蓄存款，也包括企业及其他单位存款；本金和利息都属于被保险存款的范围。

由于受到存款保险保护，客户在单家银行 50 万元以内的存款，处于 0 风险；超出 50 万元的部分，将在银行清算财产中受偿。

事实上，银行破产非常罕见，近 20 年里，仅有包商银行进行了破产清算。据公开资料显示，包商银行在出现问题后，超过 460 万名个人客户的存款得到了完全兑付，企业存款由于金额比较大，按照一定比例进行兑付。

综上，存款依然是风险最低的金融产品之一。

6.4.2 国债

国债是由国家发行的债券，是中央政府为筹集财政资金而发行的一种政府债券。

购买国债就相当于把钱借给了国家。国债的发行主体是国家，具有最高的信用，被公认为是最安全的投资品种，本书不展开讨论。

6.4.3　理财型保险

理财型保险主要以寿险产品为主，写进保险合同的理财型保险产品将受到《民法典》的保护，在不提前退保的情况下，客户的本金和收益都将受合同条款的保护。

以某保险公司的一款理财型保险产品为例，产品条款中，关于“基本保险金额和年度有效保额”有如下约定：“本合同第一保单年度的年度有效保额为基本保险金额，以后各保单年度的年度有效保额为上一保单年度的年度有效保额的 1.038 倍。”

保险公司面临着偿付能力不足及破产的风险，当出现这两种情形时，客户投保的寿险产将得到如下保护。

1. 保险公司偿付能力不足

偿付能力是指保险公司履行赔偿或给付责任的能力，是衡量保险公司经营稳健性和可持续性的重要指标。

为加强对保险公司偿付能力的监管，有效防控保险市场风险，维护保单持有人的利益，根据《中华人民共和国保险法》，银保监会制定了《保险公司偿付能力管理规定》，该规定最新版本于 2020 年 6 月 11 日通过，2021 年 1 月 15 日公布，自 2021 年 3 月 1 日起施行。其中第二十六条规定如下。

对于核心偿付能力充足率低于 50% 或综合偿付能力充足率低于 100% 的保险公司，中国银保监会应当采取以下第（一）项至第（四）项的全部措施：

（一）监管谈话；

（二）要求保险公司提交预防偿付能力充足率恶化或完善风险管理的计划；

（三）限制董事、监事、高级管理人员的薪酬水平；

（四）限制向股东分红。

中国银保监会还可以根据其偿付能力充足率下降的具体原因，采取以下第（五）项至第（十二）项的措施：

（五）责令增加资本金；

（六）责令停止部分或全部新业务；

（七）责令调整业务结构，限制增设分支机构，限制商业性广告；

（八）限制业务范围、责令转让保险业务或责令办理分出业务；

（九）责令调整资产结构，限制投资形式或比例；

（十）对风险和损失负有责任的董事和高级管理人员，责令保险公司根据聘用协议、书面承诺等追回其薪酬；

（十一）依法责令调整公司负责人及有关管理人员；

（十二）中国银保监会依法根据保险公司的风险成因和风险程度认为必要的其他监管措施。

对于采取上述措施后偿付能力未明显改善或进一步恶化的，由中国银保监会依法采取接管、申请破产等监管措施。

以 C 公司为例，公开资料显示，由于信保业务影响，C 公司偿付能力不足。2019 年第一季度末，C 公司核心及综合偿付能力充足率均为 −162.65%，第二季度继续下降至 −222.27%，低于法定监管标准。对此，监管机构责令 C 公司限期完成增资，尽快化解偿付能力不足的风险，否则，监管机构将采取工作组接管等风险处置措施。

2018 年 12 月及 2019 年 5 月，银保监会先后对 C 公司采取停止接受部分新业务、停止增设分支机构、高管限薪、强制增资扩股等监管措施。2019 年 8 月，银保监会批复同意 C 公司增加注册资本的申请，增资后该公司资本金增加至 32.5 亿元。

2019 年 11 月，银保监会向 C 公司下发了解除行政监管措施决定书，正式解除了因 C 公司偿付能力不足而对其采取的停止接受部分新业务、停止增设分支机构等监管措施。

2. 保险公司破产

《中华人民共和国保险法》第九十二条规定：“经营有人寿保险业务的保险公司被依法撤销或者被依法宣告破产的，其持有的人寿保险合同及责任准备金，必须转让给其他经营有人寿保险业务的保险公司；不能同其他保险公司达成转让协议的，由国务院保险监督管理机构指定经营有人寿保险业务的保险公司接受转让。转让或者由国务院保险监督管理机构指定接受转让前款规定的人寿保险合同及责任准备金的，应当维护被保险人、受益人的合法权益。”

以A公司为例，2017年，在原保监会的监管及审查下，发现A公司在经营过程中存在较为重大的经营违法行为。2018年2月，原保监会宣布接管A公司。2019年6月25日，由中国保险保障基金有限责任公司、中国石油化工集团有限公司和上海汽车工业（集团）总公司共同出资设立大家保险，接管原A公司的业务。2020年9月，A公司解散。

2020年2月22日，银保监会就结束A公司接管答记者问，关于“接管两年来，银保监会都采取了哪些措施，切实保障A公司原有客户权益不受损害？”问题的回答中有如下描述，“A公司在2015年至2017年上半年期间，集中销售了超过1.5万亿元的中短存续期理财保险产品，2018年至2020年初出现满期给付和退保高峰。银保监会高度重视保护保险消费者合法权益，指导公司成立独立团队专项推进存量保单兑付工作，主动向客户提供保单满期提醒等信息累计1250万人次，接受退保咨询13万人次。严格履行对消费者的各项承诺，按合同或销售时的约定利率进行给付。截至2020年1月，接管前A公司发行的1.5万亿元中短存续期理财保险已全部兑付，未发生一起逾期和违约事件，平稳度过现金流的给付高峰，有力地保障了保险消费者合法权益。”

综上，无论是保险公司偿付能力不足，还是保险公司破产，投资人寿保险客户的权益均能受到《中华人民共和国保险法》和《保险公司偿付能力管理规定》的保护。银保监会也将按照法律法规的各项规定，采取有效措施，切实保障投保客户权益不受损害。

6.4.4　理财产品

按照理财产品本金发生损失的可能性和收益的波动性，可以将理财产品按照风险程度从低到高的顺序分为 5 个等级，各等级特点如表 6-2 所示。

表 6-2　理财产品风险级别及特点

风险级别	风险程度	风险级别描述
R1	低	理财产品风险低，极少受到市场、政策法规、宏观经济及行业波动等风险因素的影响。理财产品出现本金损失的概率低，且净值波动率低，但投资者可能获得的投资回报也低
R2	较低	理财产品风险较低，较少受到市场、政策法规、宏观经济及行业波动等风险因素的影响。理财产品出现本金损失的概率较低，且净值波动率较低，但投资者可能获得的投资回报也较低
R3	中等	理财产品风险适中，会一定程度受到市场、政策法规、宏观经济及行业波动等风险因素的影响。理财产品存在一定本金损失的概率，且有一定净值波动率，预期收益的实现存在一定的不确定性，但投资者可能获得一定程度的投资回报

（续）

风险级别	风险程度	风险级别描述
R4	较高	理财产品风险较高，会受到市场、政策法规、宏观经济及行业波动等风险因素的影响，产品结构有一定的复杂度。理财产品存在较高本金损失的概率，或净值波动率较大，预期收益的实现存在较大的不确定性，但投资者可能获得较高的投资回报
R5	高	理财产品风险高，容易受到市场、政策法规、宏观经济及行业波动等风险因素的影响，产品结构较为复杂，理财产品存在极高本金损失的概率，或净值波动率极大，预期收益的实现存在极大的不确定性，但投资者可能获得高额的投资回报

对于理财产品，要了解产品持有的底层资产，了解产品净值波动的原因，我们除了要了解产品的风险等级、运作方式、业绩比较基准，还应当了解该产品的投资组合情况。

以某银行代销的一款净值型理财产品为例，从产品公开披露的报告中，我们需要关注投资组合情况，如表 6-3 所示。

表 6-3 投资组合情况

资产类型	直接投资占比（%）	间接投资占比（%）
现金及存款	5.25	26.35
债券投资	0	2.33
权益投资	0	64.12
公募基金	0	7.2
衍生品	0	0
委外投资	94.75	0
总计	100	100

从投资组合情况能够看到，该产品占有 26.35% 的现金及存

款，属于低风险级别；2.33% 的资金用于债券投资，属于较低风险级别；另有 64.12% 的资金用于权益投资，7.2% 的资金用于公募基金。这样的投资组合结构，超过 70% 的资产将受到 A 股波动的影响。截至 2022 年 3 月 16 日，该产品净值 0.9777，客户本金亏损 2.23%。

该净值型理财产品的持仓信息如表 6-4 所示。

表 6-4　该净值型理财产品的持仓信息

序号	资产名称	资产规模（元）	占产品资产净值的比例（%）
1	** 号集合资产管理计划	9 868 457 460.15	94.92
2	某同业存放（线上）	540 000 000.00	5.19

从表 6-4 所示的持仓信息可知，超过产品资产净值 90% 的资金投资于一款高风险的集合资产管理计划，5.19% 的资金投资于低风险的同业存放。这样的持仓结构是导致产品破净的主要原因。

6.4.5　基金

按照发行方式，基金分为公募和私募。按照投资对象，基金可分为股票型基金、债券型基金、混合型基金和货币型基金。

1. 不同类型基金的特点

（1）风险从高到低

- 股票型基金：80% 以上的资金投资于股票。

- 债券型基金：80% 以上的资金投资于债券。
- 混合型（偏股）基金：持仓的股票比例大于债券，低于股票型基金持有股票的比例。
- 混合型（偏债）基金：持仓的债券比例大于股票，低于债券型基金持有债券的比例。
- 货币型基金：主要投资于 1 年期以内的短期债券、票据等。

（2）不同类型基金风险和收益的关系

- 可以获取较高收益的股票型基金及混合型（偏股）基金，浮动亏损可能大于或等于 20%。
- 可以获取居中收益的债券型基金（含固收 +）及混合型（偏债）基金，有较大可能亏损本金。
- 可以获取较低收益的货币型基金，通常不会亏损本金。

2. 基金净值波动的底层逻辑

- 基金净值的波动受持仓标的价格变化的影响。
- 以股票型基金为例，基金的净值变化与持仓股票的价格波动直接相关：持仓股票上涨，基金净值上涨；持仓股票下跌，基金净值下跌。

（1）首发基金分析方法

对于没有持仓的首发基金，以当下正在发行中的一款新基金——天弘中证新能源指数增强 A（012328）为例进行分析。以下仅为举例，不作为投资建议。

第一步，查看基金的投资目标，如图 6-1 所示。

天弘基金管理有限公司
TIAN HONG ASSET MANAGEMENT CO.,LTD.
招募说明书

九、基金的投资

（一）投资目标

本基金为股票型指数增强基金 在对标的指数进行有效跟踪的被动投资基础上，结合增强型的主动投资，力争获取高于标的指数的投资收益。

图 6-1　查看基金的投资目标

通过投资目标我们能得知，该基金是一只股票型指数增强基金，投资目标是获取高于标的指数的投资收益。

第二步，查看基金的投资范围，如图 6-2 所示。

如法律法规或监管机构以后允许基金投资其他品种，基金管理人在履行适当程序后，可以将其纳入投资范围。

基金的投资组合比例为：本基金投资于股票的资产不低于基金资产的 90%，投资于标的指数成份股、备选成份股的资产的比例不低于非现金基金资产的 80%，每个交易日日终在扣除股指期货合约需缴纳的交易保证金后，现金或到期日在一年以内的政府债券不低于基金资产净值的 5%，其中，现金不包括结算备付金、存出保证金、应收申购款等。如法律法规或中国证监会变更投资品种的投资比例限制，基金管理人在履行适当程序后，可以调整上述投资品种的投资比例。

图 6-2　查看基金的投资范围

通过基金投资范围我们能得知，该基金的股票持仓占比不低于 90%，同时，对于对标行业指数的股票占比不低于非现金基金资产的 80%。

第三步，查看基金的投资策略，如图 6-3 所示。

通过基金投资策略可以得知，该基金主要投资新能源板块的股票。该基金的净值变化将与中证新能源指数高度关联。

（三）投资策略

本基金采用指数增强型投资策略，以中证新能源指数作为基金投资组合的标的指数，结合深入的宏观面、基本面研究及数量化投资技术，在指数化投资基础上优化调整投资组合，力争控制本基金净值增长率与业绩比较基准之间的日均跟踪偏离度的绝对值不超过0.5%，年跟踪误差不超过7.75%，以实现高于标的指数的投资收益和基金资产的长期增值。如因指数编制规则调整或其他因素导致跟踪

图 6-3 查看基金的投资策略

第四步，分析标的指数新能源板块的行情走势。

首先进行月线分析，如图 6-4 所示。

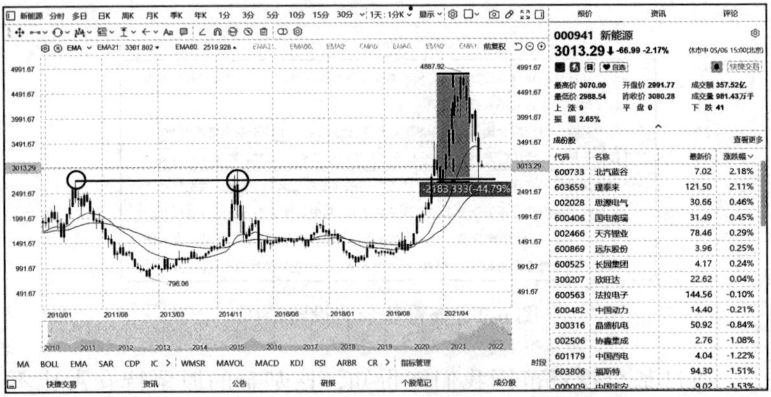

图 6-4 分析标的指数新能源板块的行情走势（月线分析）

新能源行业指数从 2021 年 11 月 1 日的最高点 4887.92 下跌到了 2022 年 4 月 27 日的最低点 2688.38，下跌幅度近 45%。从新能源板块月线走势来看，目前已回踩到月线前方高点支撑位置附近，后期反弹概率较大。

然后进行周线分析，如图 6-5 所示。

代码	名称	最新价	涨跌幅
600733	北汽蓝谷	7.02	2.18%
603659	璞泰来	121.50	2.11%
002028	思源电气	30.66	0.46%
600406	国电南瑞	31.49	0.45%
002466	天齐锂业	78.46	0.29%
600869	远东股份	3.96	0.25%
600525	长园集团	4.17	0.24%
300207	欣旺达	22.62	0.04%
600563	法拉电子	144.56	-0.10%
600482	中国动力	14.40	-0.21%
300316	晶盛机电	50.92	-0.84%
002506	协鑫集成	2.76	-1.08%
601179	中国西电	4.04	-1.22%
603806	福斯特	94.30	-1.51%

图 6-5　分析标的指数新能源板块的行情走势（周线分析）

从周线走势来看，新能源行业指数还在下跌通道运行，并已到达前方低点支撑位置附近，距离支撑位置空间不大。

最后进行日线分析，如图 6-6 所示。

代码	名称	最新价	涨跌幅
600733	北汽蓝谷	7.02	2.18%
603659	璞泰来	121.50	2.11%
002028	思源电气	30.66	0.46%
600406	国电南瑞	31.49	0.45%
002466	天齐锂业	78.46	0.29%
600869	远东股份	3.96	0.25%
600525	长园集团	4.17	0.24%
300207	欣旺达	22.62	0.04%
600563	法拉电子	144.56	-0.10%
600482	中国动力	14.40	-0.21%
300316	晶盛机电	50.92	-0.84%
002506	协鑫集成	2.76	-1.08%
601179	中国西电	4.04	-1.22%
603806	福斯特	94.30	-1.51%

图 6-6　分析标的指数新能源板块的行情走势（日线分析）

从日线走势来看，新能源行业指数虽然低位反弹，但仍在下跌通道运行，未能突破下跌压力。

第五步，根据分析形成交易策略。

通过对新能源行业指数进行月线、周线和日线的走势分析，我们可以推断出目前新能源行业仍处于下跌趋势，宜采用左侧交易法，即持币观望或轻仓买入，等待日线底部形态形成后，再进行加仓操作。也可以采用定投模式，在底部形态形成之前，定投金额小一些，定投频率低一些，如按月定投。在构筑底部形态的时期，可增加定投金额或提高定投频率，如把按月定投更改为按半月定投或按周定投。

（2）持营基金分析方法

以 2018 年 9 月 5 日成立的热门基金——易方达蓝筹精选混合（005827）为例进行分析。以下仅为举例，不作为投资建议。

第一步，查看基金持仓大类资产结构，如图 6-7 所示。

易方达蓝筹精选混合型证券投资基金

2022 年第 1 季度报告

2022 年 3 月 31 日

§5 投资组合报告

5.1 报告期末基金资产组合情况

序号	项目	金额（元）	占基金总资产的比例（%）
1	权益投资	51,940,786,215.76	93.41
	其中：股票	51,940,786,215.76	93.41

图 6-7 查看基金持仓大类资产结构

从基金持仓组合情况我们能看到，该基金持仓股票资产超过 90%，因此，持仓股票的价格波动将与基金净值波动紧密关联。

第二步，查看基金前十大持仓标的，如图 6-8 所示。

5.3 期末按公允价值占基金资产净值比例大小排序的股票投资明细

5.3.1 报告期末按公允价值占基金资产净值比例大小排序的前十名股票投资明细

序号	股票代码	股票名称	数量（股）	公允价值（元）	占基金资产净值比例（%）
1	600519	贵州茅台	3,153,000	5,420,007,000.00	9.81
2	600036	招商银行	115,000,100	5,382,004,680.00	9.74
3	00700	腾讯控股	17,600,000	5,341,246,979.20	9.66
4	002415	海康威视	126,000,000	5,166,000,000.00	9.35
5	000568	泸州老窖	27,000,000	5,018,760,000.00	9.08
6	000858	五粮液	32,360,083	5,017,754,469.98	9.08
7	00388	香港交易所	16,580,000	4,994,047,110.12	9.04
8	002304	洋河股份	36,300,000	4,923,369,000.00	8.91
9	600887	伊利股份	116,000,000	4,279,240,000.00	7.74
10	03690	美团－W	22,000,000	2,776,249,432.00	5.02

5.4 报告期末按债券品种分类的债券投资组合

本基金本报告期末未持有债券。

图 6-8　查看基金前十大持仓标的

第三步，逐一分析前十大持仓标的的走势及交易策略，如表 6-5 所示。行情分析时点为 2022 年 5 月 6 日收盘后。

表 6-5　该基金前十大持仓标的的走势及交易策略

持仓标的	持仓占比（%）	走势	交易策略
贵州茅台	9.81	日线底部形态形成，短期看反弹	轻仓买入
招商银行	9.74	顶部反转形态形成	观望
腾讯控股	9.66	下降通道运行中	观望
海康威视	9.35	下降通道运行中	观望
泸州老窖	9.08	日线底部形态形成，短期看反弹	轻仓买入
五粮液	9.08	盘整区间运行	观望
香港交易所	9.04	下降通道运行中	观望

（续）

持仓标的	持仓占比（%）	走势	交易策略
洋河股份	8.91	日线底部形态形成，短期看反弹	轻仓买入
伊利股份	7.74	日线底部形态形成，短期看反弹	轻仓买入
美团 -W	5.02	下降通道运行中	观望
合计	87.43	仓位较重，较为被动，基金净值波动较大	

第四步，根据分析形成交易策略。

综合第三步的分析，近半数的持仓股票都在下降通道运行中，宜采用左侧交易法，持币观望或轻仓买入，以获取白酒行业的反弹收益。也可以采用定投模式，在更大级别的底部形态形成之前，定投金额小一些，定投频率低一些，如按月定投。在构筑底部形态的时期，可增加定投金额或提高定投频率，如把按月定投更改为按半月定投或按周定投。

6.4.6 信托

《中华人民共和国信托法》第十六条规定，信托财产与属于受托人所有的财产（以下简称固有财产）相区别，不得归入受托人的固有财产或者成为固有财产的一部分。受托人死亡或者依法解散、被依法撤销、被宣告破产而终止，信托财产不属于其遗产或者清算财产。

第五十二条规定，信托不因委托人或者受托人的死亡、丧失民事行为能力、依法解散、被依法撤销或者被宣告破产而终止，也不因受托人的辞任而终止。但本法或者信托文件另有规定的除外。

基于相关规定，信托具有财产管理的基本功能。“受人之托、为人管业、代人理财”是信托基本功能的价值体现。

银行代销的信托产品主要分为自益信托和他益信托。

1. 自益信托

自益信托是指委托人为受益人的信托，购买信托产品的目的是获得投资收益。

以某信托公司在售的一款信托产品 A 信托计划为例。在信托合同中，受益人的定义为“依据信托文件享有信托受益权的人，本信托计划成立时或各期信托单位生效时，加入信托计划或该期信托单位的委托人为唯一受益人。”

对于自益信托的风险主要关注该信托计划的投资范围和增信措施。以某地产信托为例，在投资信息中有如下描述。

（1）投资范围：信托资金用于某市某区某街道某地块开发建设。

（2）增信措施

- 保证担保：某公司对借款人还本付息提供连带责任保证担保。
- 项目抵押：某公司将项目土地及在建工程第一顺位抵押

给信托公司，初始及动态抵押率不超过 60%。

- 股票质押：某公司 100% 股权质押予信托公司。
- 派驻董事：信托公司向某公司派驻董事，对修改公司章程、对外融资、对外担保、年度预算等重大事项具有董事会一票否决权。

该信托计划的含义是委托人（客户）把自己的钱委托给信托公司，由信托公司借给房地产公司进行房地产开发，委托人（客户）作为唯一受益人，赚取房地产公司支付的借款利息。

因此，该信托计划的主要风险有两个。

- 房地产公司由于经营不善，资金链断裂，第一还款来源无法按期、足额支付合同约定的本金和利息。
- 当第一还款来源无法按期、足额支付本金和利息时，增信措施无法及时变现，或变现金额不足以支付给委托人（客户）本金和利息。

当借款人第一还款来源和第二还款来源均出现问题，无法按期、足额支付本金和利息给受益人的时候，通常称该信托计划“暴雷”。

据公开信息显示，2021 年，信托行业风险事件频发，房地产企业违约是“暴雷”重灾区。统计数据显示，2021 年前 11 个月，信托行业共发生 250 起违约事件，涉及金额 1250.72 亿元，其中房地产信托涉及违约金额 707.43 亿元，占比第一。

2. 他益信托

他益信托是指受益人不是委托人，而是委托人之外的第三人的信托。通常的呈现形式有保险金信托和家族信托两种。

以保险金信托为例，该产品是在保险产品的基础上嵌套信托计划。保险金信托和保险的区别在于，投保人去世后，是否能够按照投保人生前的意志来支配受益人对保险理赔资金的使用。对于普通保险产品，投保人去世后，保险公司会按照合同约定，一次性把理赔资金赔付到受益人账户，赔付之后，资金的使用将完全由受益人来决定。而在保险金信托的结构下，委托人以自己作为被保险人，在保险公司购买一份人寿保险，约定身故后，保险理赔资金进入信托账户。同时，与信托公司签订信托合同，在信托合同中，对这笔保险理赔资金的使用条件进行约定，比如孩子考上大学可以提取一部分，结婚生子可以提取一部分。在未触发提取条件期间，信托计划还可以按照委托人的意志对保险理赔资金进行投资理财。

通过这种方式，即使委托人去世，保险理赔资金仍然能够按照委托人生前的意志被受益人使用。

6.5　案例：基金的销售策略

本节以基金销售为例，介绍数字时代金融产品的销售策略。

6.5.1 基金的售前

“去年基金卖得好，今年的觉睡不好。”这是 2022 年上半年，大部分理财经理的真实写照。售后的果，源于售前的因。今年睡不好觉的果，源于去年基金销售阶段种下的因。归纳起来，主要有以下几个方面。

1. 风险错配

资管新规中规定，金融机构要加强投资者适当性管理，向投资者销售与其风险识别能力和风险承担能力相匹配的资产管理产品。禁止欺诈或者误导投资者购买与其风险承担能力不匹配的资产管理产品。

银行网点的基金主要销售给能够触达的客户。在传统的营销模式下，理财经理能触达的客户主要是老年客户，大多数老年客户的风险偏好属于保守型，不愿意承担本金损失，甚至不愿意承担利息波动。风险错配的主要表现为金融产品的风险超出了客户可承受范围。理财经理为保守型的老年客户配置高风险的基金产品，就是风险错配。

2. 仓位错配

基金投资是一个长期赛道，基金投资的过程不会一帆风顺，上涨和下跌都很正常，对于一个单向交易的金融产品，为客户配置基金只能通过仓位来控制风险。

例如，银行下达基金任务指标的时候，恰好基金处于下跌趋势中，想要完成银行下达的指标，需要获取更多的客户，让每个客户轻仓持有。等到行情下跌到关键位置再补仓。

银行网点能触达的客户太少，如果每个客户轻仓购买，指标难以达成。同时，相当多的理财经理是靠话术在卖基金，不了解基金净值的变动逻辑，也不了解基金底层资产，不具备行情分析能力，无法结合行情走势来灵活安排仓位。导致的结果就是在不合适的时点为客户配置了仓位不合适的基金。随着行情下跌，客户重仓被套，亏损严重。

3. 不合规销售

还有一部分理财经理为了完成销售任务，未向客户充分揭示产品风险，通过承诺收益、收益暗示等不合规的销售方式，把高风险的基金产品卖给了对产品认知不够或风险承受能力不匹配的客户，造成客户投诉。

4. 无持续的售后

基金销售后，在客户持有基金期间，理财经理应该对客户提供持续的基金售后服务，特别是封闭式基金。

然而现状是当封闭式基金到达开放期，或是客户要用钱，发现基金亏损，来到银行网点找理财经理要说法的时候，银行才会为客户提供“售后”。而这个所谓的售后，不外乎拉上基金公司一道给客户赔礼道歉。

资管新规要求，金融机构应当加强投资者教育，不断提高投资者的金融知识水平和风险意识，向投资者传递“卖者尽责、买者自负”的理念，打破刚性兑付。

“卖者尽责”要求金融机构销售人员在产品销售之前，做好投资者教育工作，做好产品风险揭示工作，让客户明确自己购买的金融产品有什么功能，有什么特点。更重要的是，讲解清楚需要客户自己承担什么风险，向客户传递“买者自负”的理念。

6.5.2 基金的售后

基金卖给客户并不是业务的结束，而是售后服务的开始，只要客户一直持有产品，理财经理就应当持续地为客户提供基金售后服务。基金售后主要是关注客户持有基金的行情走势，帮助客户做好盈亏管理。

要做好客户基金投资期间的盈亏管理，降低客户实际亏损风险，需要理财经理做好以下三方面工作。

1. 客户的心态管理

基金投资亏损用户的行为特征是追涨杀跌、频繁买卖。公开数据显示，频繁买卖的用户较持有不动的用户收益率低 28%，追涨杀跌的用户的收益率较基金净值涨幅低 40%。

避免追涨杀跌、频繁买卖的关键是做好客户的投资心态管理。

- “耐得住寂寞，才等得来繁华。”一个好的投资心态，就是能管得住手。
- “买在无人问津时，卖在人声鼎沸处。”在行情大涨的时候不去盲目追高，在行情萎靡的时候不去盲目割肉。

2. 客户的仓位管理

在一个单向做多的投资市场，投资者需要通过仓位管理控制风险。对于基金投资，普通投资者只能通过基金净值上涨来赚取投资收益。如果行情下跌，投资者将面临收益回撤或是亏损。

缺乏投资专业知识、缺乏行情分析能力的普通投资者，为了获取高收益，时常进行重仓交易。收益和风险成正比，买入后，如果基金上涨，重仓情况下的确能够带来高额收益，但如果基金下跌，也将面临大幅亏损。

我们作为普通投资者，想要买在最低点，卖在最高点，是几乎不可能的事情，往往是冲进去抄底，结果抄在了半山腰。这就要求我们在购买基金的时候，把风险考虑放在第一位。在购买基金之前，首先思考一下，假设在现在的位置买入，没有如期上涨，扭头下跌怎么办，下跌的空间预计还有多少，跌到目标位置的时候是否还有资金补仓来降低成本。当客户选择基金投资的时候，理财经理需要帮助客户做好仓位管理。

3. 客户的盈亏管理

2021 年 11 月初，笔者在某国有银行广西区分行给理财经理做《数字时代基金销售及基金售后管理策略》的培训时，有学员反馈，之前给客户配置基金，在盈利接近30%的时候没有及时提醒客户止盈，现在收益快跌没了，客户原本很满意，现在很不满意。

帮助客户做好盈亏管理，需要理财经理具备行情分析能力，在明显的顶部形态出现时，及时通知客户止盈，落袋为安，降低收益回撤。

4. 案例：笔者的基金售后

笔者自2020年3月起，开启以基金为获客主题的数字化营销。由于客户数量大，无法一对一地提示，笔者把基金客户放在多个微信群里提供批量售后，每个交易日坚持创作原创分析文章，转发到微信群让客户关注目前的行情走势，并在文中提示风险，引导客户及时调整仓位，帮助客户增加收益、降低回撤。群成员都是购买基金的朋友，行情不好的时候，大家在一起交流，还能起到心理按摩的效果。

6.6 本章小结

金融专业能力是金融机构与非金融机构数字化营销最大的区别。对于银行而言，一切脱离金融专业的数字化营销都是无源之水，无本之木。

回归本源、专业为王，在一线最直接的体现就是营销人员充分了解产品，充分掌握产品的功能和风险，有效运用金融产品为客户创造价值。在充分揭示风险的基础上，把合适的产品配置给合适的客户，帮助客户做好财富的保值、增值、传承和风险规避。

附　录

银行属于强监管行业，银行的数字化营销不能照搬互联网公司的方法论，要合规，要在遵守各项规章制度的前提下开展。

笔者将近年来监管机构下发的关于银行数字化营销的指导意见和监管要求整理如下，供读者参考。

- 《中国银保监会办公厅关于银行业保险业数字化转型的指导意见》（银保监办发〔2022〕2号）
- 《中国银保监会办公厅　中国人民银行办公厅关于规范商业银行通过互联网开展个人存款业务有关事项的通知》（银保监办发〔2021〕9号）
- 《中国银保监会办公厅关于进一步规范商业银行互联网贷款业务的通知》（银保监办发〔2021〕24号）
- 《理财公司理财产品销售管理暂行办法》（2021年5月11日中国银保监会令2021年第4号公布，自2021年6月27日起施行）

- 《金融产品网络营销管理办法（征求意见稿）》
- 《关于防范金融直播营销有关风险的提示》
- 《关于进一步规范金融营销宣传行为的通知》（银发〔2019〕316号）
- 《网络主播行为规范》(广电发〔2022〕36号）

读者可关注公众号“洲城的养基日志”，在聊天窗口输入“银行监管”，即可查阅以上指导意见和监管政策的原文。

随着时代的发展，监管机构的指导意见和监管要求也将与时俱进。作为金融从业者，我们应该保持高度的敏感性，及时关注、学习、掌握新的监管办法和合规要求，确保我们的各项工作不会触碰合规红线。